제법종본래(諸法從本來) 상자적멸상(常自寂滅相)

모든 법은 본래부터 항상 저절로 열반의 모양이니라.
세존께서 수행을 통해 자신 밖에 진리를 얻은 것이 아니라,
이미 자기 안에 갖추어 있던 것을 깨달아 드러내신 것이다.

법화현의

천태대사 지음

혜성스님 강설

自我得佛來
所經諸劫數
無量百千萬
億載阿僧祇

머리말

　법화문구(法華文句) 법화현의(法華玄義) 마하지관(摩訶止觀)을 천태대사(天台大師)의 삼대부(三大部)라 한다. 오늘날 법화경을 공부하고 수행하는 불자들이 꼭 읽어봐야 할 책이라 생각한다.

　천태대사께서는 538년 7월에 중국 형주(荊州)에서 진씨(陳氏)의 성을 가진 가정에 태어났으며, 18세 때 출가하여 스님이 되었다고 한다.

　그후 혜사대사(慧思大師)를 스승으로 모시고 도를 배웠으며, 38세 되던 해에 천태산(天台山)에 들어가 10년 동안 고행 정진하여 대도를 성취하고 그 뒤로 법화경을 강설한 내용을 대사의 제자인 장안법사(章安法師)가 필기하였으니, 이를 법화문구(法華文句)라 하고, 그리고 법화경 대의(大義)를 강의한 내용을 필기하여 법화현의(法華玄義)라 하고, 마음을 닦는 관법(觀法)을 강설한 내용을 필기하여 마하지관(摩訶止觀)이라 한 것이라 하니, 천태삼대부가 세상에 알려진 것이다. 이후 천태대사는 597년에 세상을 떠났으니, 세수(世壽) 60세였다고 한다. 천태삼대부는 모두 한문권이라 문자와 문장이 난해하여 알기 어렵고 이해하기 어렵다.

　혜성 사문은 40여 년간 법화경을 나름대로 수행하면

서 천태대사를 스승으로 섬기고 삼대부를 공부하게 되었다. 법화문구를 중심으로 하여 법화경 강설집을 출간한 바 있다. 이번에 공책으로 엮은 법화현의는 내용이 방대하나 적문십묘(迹門十妙) 본문십묘(本門十妙)를 해설하게 되었는데 스님의 소신을 추가하여 공책으로 꾸미게 되었다. 불기 2553년(2009년)에 동국대학 교수이신 지창규께서 우리말로 법화현의를 출간하셨는데 혜성 사문은 몇번이나 읽어보았는데 지금 법화현의 공책에도 지창규 교수님이 번역한 책이 많이 참고되었음을 말씀드리고 싶다.

혜성 사문은 법화경을 강설해 오면서 몇 가지 원칙이 있다. 먼저 경전의 뜻과 일치해야 하고, 불자들이 듣고는 신심과 이해가 일어나야 하고, 스님의 법문을 듣거나 책을 읽을 때 어려운 내용이 없어야 한다. 그리고 경전의 문장을 전하고자 함보다 경전의 뜻을 전하고자 함이다.

법화현의(法華玄義)도 난해하고 중요한 부분만 담았으며 법화경을 수행해온 스님의 소견을 담았음을 말씀드리고 싶다. 지금이나 세월이 지난 후에 불자들이 법화경을 수행함에 도움이 된다면 다행이라 생각한다.

천태대사를 공경하는 마음은 잃지 않고 수행에 임하고 있다.

불기 2569년 가을 혜성 합장

목 차

묘법연화경 현의(妙法蓮華經 玄義) 일(一)

— 천태대사(天台大師)

제법실상(諸法實相) 삼제원융(三諦圓融) 십계호구(十界互具)

。 구원실성(久遠實成)의 석가세존(釋迦世尊)과 개성불도(皆成佛道)의 법화경(法華經)과 나무묘법연화경(南無妙法蓮華經) 제목봉창(題目奉唱)하는 중생(衆生)의 셋은 전혀 차별이 없는 묘법연화경(妙法蓮華經)이라고 깨달아 알고 제목 봉창하는 것을 생사일대사(生死一大事)의 혈맥(血脈)이라 하노라.

무연유연(無緣有緣)의 일체 중생이 법화경을 믿게 하여 성불(成佛)의 혈맥(血脈)을 잇게 하고자 함이 법화행자(法華行者)의 원(願)이로다.

불도 능히 태우지 못하고 물도 능히 빠뜨리지 못할 것이며, 곳곳마다 모든 불국토에 항상 스승과 함께 나리라.

。 불은 사물을 타게 하고 어둠을 밝힘으로 행(行)을

삼고,

물은 사물을 윤택하게 하고 더러움을 씻게 하여 청정하게 함을 행(行)을 삼고,

대지(大地)는 만물을 나게 함을 행(行)을 삼고,

하늘은 만물을 윤택하게 함을 행(行)을 삼고,

묘법연화경(妙法蓮華經)은 일체 중생을 고통에서 건지고 생사(生死)의 강을 건너게 하고 마침내 성불(成佛)케 하는데 행(行)을 삼는다.

법화경(法華經)은 일체 중생이 부처가 되게 하는 용(用)이 있음이라.

교주(敎主) 석가세존(釋迦世尊)께서 인행과덕(因行果德)의 공덕(功德)을 법화경의 문자(文字)로 하여 일체 중생의 입에다 넣어 주시고 귀에 걸어 주심이니라.

◦ 약이원보원(若以怨報怨) 만겁무유료(萬劫無由了)

만약 원한으로 원한을 갚는다면 만겁토록 악연이 끝나지 않으리라.

이 세상에서 가장 영험있는 도량은 이 몸뚱이 법당이니 청정한 마음을 가지면 시방 제불과 본화 적화의 모든 보살이 깃들게 되리라.

∘ **수설종종도(雖說種種道) 기실위일승(其實爲一乘)**

가지가지 법을 설한다 해도 기실은 일불승(一佛乘)을 위한 것이니라.

이 뜻을 획득한다면(깨닫는다면) 하루종일 분별(分別) 하여도 분별할 바가 없게 된다. 만법(萬法)이 일불승(一佛乘)으로 들게 하는 문이다.

∘ **제법종본래(諸法從本來) 상자적멸상(常自寂滅相)**

모든 법은 본래부터 항상 저절로 열반의 모양이니라.

세존께서 수행을 통해 자신 밖에 진리를 얻은 것이 아니라, 이미 자기 안에 갖추어 있던 것을 깨달아 드러내신 것이다.

∘ **무일상가득(無一相可得) 무일상가득자(無一相可得者) 즉시실상(即是實相) 실상자(實相者) 즉시여래묘색신상야(即是如來妙色身相也)**

한 형상도 얻을 수 없느니라. 한 형상도 얻을 수 없다 함은 곧 진여의 실상이니라. 실상이란 곧 여래의 묘(妙)한 색신(色身)의 형상이니라.

∘ 돈오(頓悟)란 양변을 여읜 중도(中道)이며 무념(無

念)이며 구경각(究竟覺)이며 성불(成佛)이며 열반(涅槃)임을 전체적으로 표현함이다.

여래(如來)의 묘(妙)한 색신(色身)이 곧 실상(實相)이니라.

∘ 삼승(三乘)이라는 가르침은 원래 일불승(一佛乘) 밖에 없는 것을 중생을 교화 인도하기 위해 셋으로 분별한 것으로 삼승(三乘)이라 하더라도 그대로 일불승(一佛乘)과 다른 것이 아니라고 한다. 이를 개권현실(開權顯實)이라 한다. 개삼현일(開三顯一)이라 하고 개추현묘(開麤顯妙)라 하니 추(麤)를 열어 묘(妙)를 드러냄이다.

∘ 또한 성문 연각 보살의 삼승이라는 가르침은 원래 일불승 밖에 없는 것을 중생을 교화 인도하기 위해 셋으로 분별한 것으로서 삼승(三乘)이라 하더라도 그대로 일불승(一佛乘)과 다른 것이 아니라고 한다. 이를 개삼현일(開三顯一)이라고 한다.

∘ 마음은 본래 이름이 없고 또한 이름이 없는 것조차 없으니, 마음은 생멸(生滅)하지 않는다고 하니, 마음은 곧 실상(實相)이다.

심(心)은 모든 법(法)의 근본이니 심(心)은 곧 전체적인 것이다.

제법실상(諸法實相)이란 마음의 참모습이라, 저마다 자성(自性)이며 법신(法身)이다.

° 실상(實相)은 법화경(法華經)의 본체이며 일체경(一切經)의 본체(本體)이며, 나아가 모든 수행의 본체가 되며 또한 두루 일체법(一切法)의 본체가 되는 것이다.

° 하찮은 선(善)이나 미세한 원인도 개회(開會)하면 원만한 원인이거늘, 이승(二乘)의 행(行)이나 보살의 행이 어찌 묘(妙)의 인과(因果)가 아니겠느냐.

° 일색일향(一色一香)이 중도(中道) 아님이 없거늘 하물며 스스로 행하는 진실이 어찌 진실이 아니겠는가.

오직 부처님과 더불어 부처님만이 실상(實相)을 다 안다 하심은 구경각(究竟覺)이다.

° 바다는 모든 것을 감싸고 수용하는 덕이 있고 만수만류가 도달하기 때문이다. 법화경도 그러하다. 부처님께서 깨달아 증득하신 만선만덕(萬善萬德)을 함장하고 있으며 법화경을 믿고 받아지니면 모두 불승(佛乘)을 탄다. 강 호수 시내 도랑물은 바다와 같은 덕이 없으

니 여타의 경전이 이와 같으니, 그러므로 법화경(法華經)이 가장 수승한 것이다.

◦ 중생(衆生)으로 하여금 불지견(佛知見)을 개시오입(開示悟入)하기 위하여 라고 한 것은 만약 중생에게 불지견(佛知見)이 없다면 무엇을 연다고 하겠는가. 그러므로 마땅히 불지견(佛知見)은 중생에게 깊이 내재하고 있음을 알아야 한다.

◦ 오직 부처님과 부처님만이 모든 존재의 참모습(諸法實相)을 궁구하여 다할 수 있다. 이것을 불법묘(佛法妙)라고 한다. 중생법묘(衆生法妙)와 불법묘(佛法妙)가 다르지 않다.

내 마음이 그대로 공(空)하므로 죄와 복도 주체가 없다.

마음을 비추어 보아도 마음이라 할 것이 없고 법도 법이라 할 것 없어 어떤 것에 머무르지 않는다.

또 모든 부처님의 해탈은 중생의 마음과 행위 가운데서 구해야 한다. 또 심불급중생(心佛及衆生) 이삼무차별(而三無差別) 이것이 심법묘(心法妙)이다.

◦ 중도실상(中道實相)의 이치는 범부의 마음과 부처님

의 깨달음이 다르지 않고 일색일향(一色一香)이 중도(中道) 아님이 없다. 이것은 이치에 의거하여 같음이니 이런 뜻으로 본말구경등(本末究竟等)이라 한다.

∘ 제일의제(第一義諦) = 진실된 진리는 허망함이 없고 전도됨이 없으며 상락아정(常樂我淨) 등이다.

∘ 그만 두어라. 그만 두어라. 말할 수 없다. 절언(絶言) 어언도단(語言道斷)

내 법은 미묘하여 생각하기 어렵다. 절사(絶思) (생각이 끊어짐)

∘ **시법불가시(是法不可示) 언사상적멸(言辭相寂滅)**

이 법은 보일 수 없으며 말과 형상이 寂滅하여.

이는 절대의 가르침을 찬탄하신 말씀이니 상대도 사라지고 절대도 사라졌으므로 적멸(寂滅)이라고 한다.

∘ 또 모든 있다는 존재는 항상 적멸(寂滅)한 모양이어서 마침내 공(空)으로 돌아간다. "절대(絶待)" 실상(實相)이다.

∘ 모든 보살은 하나의 원만한 도(圓道)를 설하심을 듣고서 하나의 원만한 과(圓果)를 증득하고 화왕계(華王界)에 처하여 노사나불(盧舍那佛)과 함께 연화대(蓮華臺)에 앉을 뿐이다. 부처님의 출세(出世)의 뜻은 이와 같다.

∘ 수량품(壽量品)의 비여비이(非如非異) 같지도 않고 다르지도 않다는 것은 곧 중도(中道)이다.

∘ 만약 추(麤)를 열어서 묘(妙)를 드러내면 개추현묘(開麤顯妙) 모든 방편(方便)의 진리가 이미 원융하게 묘한 진리를 이룬다.

온갖 물이 바다에 들어가면 한 가지 짠맛을 이룸과 같다. 모든 추(麤)한 지혜를 열면 이것이 묘(妙)한 지혜이다.

일체지(一切智) : 성문의 지혜, 도종지(道種智) : 보살의 지혜, 일체종지(一切種智) : 불(佛)의 지혜

무상즉실상(無相卽實相)

∘ 일체법(一切法)의 한 가지 모습(一相)과 한 가지 모습의 모습없음(無相)을 관찰하는 것이다.

일체법(一切法)이 모두 한 가지 모습(一相)이며, 그 한 가지 모습은 무상(無相)이다. 이와 같이 모습이 없는 것은 모습이 없으며 형상이 아니니, 형상이 아니기에 모습이 없으므로 실상(實相)이라 이름하느니라.(名爲實相) 무량의경(無量義經).

일체법(一切法)이란 소위 제법(諸法)이요, 무상(無相)이란 곧 실상(實相)이니, 이를 제법실상(諸法實相)이라 하느니라.

실상이란 무상(無相)이요, 모습(相)과 색(色)이 아니니라.

일체 있다는 모습이 눈으로 보는 대상이 끊어진 것이니, 모습 없는 모습으로 모습 있는 몸이라, 중생의 신상(身相)도 또한 이러한 모습이니라. (무량의경)

중생의 신상(身相) 그대로 모습 없는 모습이니 모습이 없으므로 곧 실상(實相)이니라.

실상(實相)은 법화경의 본체이며, 일체경의 본체이며, 나아가 모든 수행의 본체가 되며 또한 두루 일체법의 본체가 되는 것이다.

이 법은 보일 수도 없고 말과 형상이 적멸(寂滅)이니

라. 시법불가시(是法不可示) 언사상적멸(言辭相寂滅)

◦ 괴로움의 원인이 마음으로 말미암지만 마음이 허깨비와 같다면 일어나는 바의 괴로움의 원인도 허깨비와 같고 일체 애견(愛見)은 허공(虛空)과 같은 것

◦ 일체종지(一切種智)는 적멸상(寂滅相)이니, 갖가지 수행의 종류와 모양을 다 아는 것이 일체종지(一切種智)라 이름한다. 실상(實相)을 증득(證得)함이 곧 일체종지(一切種智)를 득(得)함이다.

적멸상(寂滅相)은 온갖 차별의 모습을 버려 차별의 모습이 없는 것이고 모든 차별의 모습을 버리고 비추어 조작함이 없이 자연스럽게 고요히 알기 때문에 불가사의라고 이름한다.

◦ 작은 약초 중간 약초 큰 약초는 장교(藏敎)의 계위, 작은 나무는 통교(通敎)의 계위, 큰 나무는 별교(別敎)의 계위, 가장 진실한 것은 원교(圓敎)의 계위

◦ 불지견(佛知見) : 일체종지(一切種智)로 아는 것이고 불안(佛眼)으로 보는 것이다.

。 대승(大乘)의 문자(文字)는 법신(法身)의 활기와 생명(生命)이며, 독송(讀誦)은 그 공용(功用)이 뛰어나니, 이것이 원교(圓敎)의 수식정심(數息停心)이다.

。 비유품에서 모든 자식들이 문 밖에서 수레를 찾으매 장자는 각기 똑같은 큰 수레를 주니, 이 때 모든 자식들은 이 보배 수레를 타고 사방으로 노닐면서 희희낙락하고 자재무애하여 직지도량(直至道場)한다 하셨다.

사방으로 노닌다 하심은 개시오입(開示悟入)의 사십위(四十位)에 비유되고 직지도량에 이른다 하심은 실상(實相)을 궁구하여 다한 묘각(妙覺)의 계위인 것이다. 승차보승(乘此寶乘) 직지도량(直至道場) 유일불승(唯一佛乘)인 묘법(妙法)을 타고 불과(佛果)를 이룬다.

。 실상(實相)을 가리켜 여래장(如來藏)이라 하므로 온갖 보배로 치장하고 또 많은 시종들은 이를 모셔 호위하고, 실상(實相)을 가리켜 제일의공(第一義空)이라 하므로 살찌고 씩씩하고 힘이 센 크고도 흰 소가 걸음이 고르고 빠르기가 바람과 같다고 한다.

지혜(智慧)에 물듦이 없음을 희다(白)고 하고, 번뇌를 부숨을 힘이 세다(多力)고 하며, 중도(中道)의 지혜를 고르다(平正)고 한다.

◦ 세간상상주(世間相常住)한다고 하니 어찌 생사(生死)에 즉한 법신(法身)이 아니겠느냐.

◦ 너는 진실로 나의 아들이요 나는 진실로 너의 아비다. 이는 정인불성(正因佛性)이고, 내가 옛날에 너에게 무상도를 가르쳤기 때문에 일체의 지혜와 서원이 아직도 없어지지 않고 남아 있다고 함에서 지혜는 요인불성(了因佛性)이요 서원은 연인불성(緣因佛性)이다.

◦ 또, 나는 감히 당신들을 가벼이 여기지 않노니, 여러분은 모두가 부처가 되리라 함은 정인불성(正因佛性)이요, 이 때 사부대중이 여러 경을 독송한다 함은 요인불성(了因佛性)이고, 모든 공덕을 닦음은 연인불성(緣因佛性)이다.

이 법은 보일 수 없으니 언사상적멸(言辭相寂滅)이기 때문이니라 함은 곧 실상반야(實相般若)이다. 내가 얻은 지혜(智慧)는 가장 미묘하여 제일이니라고 함은 관조반야(觀照般若)이다.

◦ 진실도 아니고 거짓도 아니며 같은 것도 아니고 다른 것도 아니다 함은 실상보리(實相菩提)이다.

◦ 여래수량품에 내가 성불하여 옴이 무량무변 아승지 겁이라 함은 실지보리(實智菩提)요,

◦ 나는 젊어서 출가하여 가야성 가기가 멀지 않은 도량에 앉아 아뇩다라삼먁삼보리를 얻었노라 함은 방편보리(方便菩提)이다.

무문자설(無問自說) : 두 가지가 있다. 하나는 이치가 깊고 뜻이 심원하여 사람 중에 묻는 자가 없는 경우이고 둘째는 물을 수 없는 것은 아니지만 다만 듣는 자가 법을 듣기에 마땅하면 부처가 청하지 않은 스승이 되는 경우다. 청하지 않은 스승이란 물음을 기다리지 않고 스스로 설하는 것이다.

◦ 일체의 제법은 중도(中道) 아님이 없고 문자(文字)를 떠나 해탈을 말함이 없다.

만약 내가 중생을 만나면 모두 불도로써 가르치리라.

만약 중생에게 불성(佛性)이 없다면 불도로써 가르치는 것은 그 잘못이 곧 부처님께 속한다.

만약 중생에게 모두 불성이 있다면 미혹하여 가르침을 받지 않음은 그 잘못이 중생에게 속한다. 일체 마

음이 있다는 모든 자는 부처가 된다.

　∘ **삼제(三諦)** : 속제(俗諦) 진제(眞諦) 중도제일의제(中道第一義諦)

　속제(俗諦) : 범부로부터 성인에 이르기까지 모두 유(有)이니 속제인 것이다.

　진제(眞諦) : 중생(衆生)의 진여(眞如)와 미륵(彌勒)의 진여(眞如)와 현성(賢聖)의 진여(眞如)가 하나의 진여(眞如)로서 두 개의 진여(眞如)가 없다.

　색(色)이 공(空)하므로 수상행식(受想行識)도 공(空)하다. 만약 열반(涅槃)보다 나은 하나의 법(法)이 있다면 또한 허깨비 같다. 범부의 진여(眞如)와 성인의 진여(眞如)가 모두 공(空)으로 즉 진제(眞諦)인 것이다.

　중도제일의제(中道第一義諦) : 아(我)가 있다 함에 아(我)는 곧 불성(佛性)이고 불성(佛性)은 중도(中道)이다. 이런 도리가 범부로부터 성인에 이르기까지 모두 다 곧 중도제일의제(中道第一義諦)인 것이다.

◦ 만약 중생이 믿지 않는다면 나머지 깊은 법 가운데 교(敎)를 보여 이롭고 기쁘게 해야 한다.

나머지 깊은 법이란 방편을 대동하는 것이요, 깊은 법이란 중도(中道)를 밝히는 것이다. 방편(方便)을 대동하고 중도(中道)를 밝힌 것은 별교(別敎)이다. 촉루품의 내용이며 반야경(般若經)은 별교(別敎)이다.

◦ 만약 어려운 질문이 있다면 소승법(小乘法)으로 대답하지 말고 다만 대승(大乘)으로 해설하여 일체종지(一切種智)를 얻도록 하라. 이것은 오로지 진실만을 써서 경(經)을 홍포하는 것이다.

◦ 수많은 생(生)을 나타내고 또한 멸(滅)함을 나타낸다 하시니, 생(生)은 진실한 생(生)이 아니요 멸(滅)함은 진실한 멸(滅)함이 아니니, 상주(常住)의 뜻이 드러난다. 부처님은 삼세(三世)를 통하여 항상함을 밝히고 두루 보이시니 법화(法華)는 항상함을 밝혀서 뜻을 드러낸다.

연화(蓮華)가 생기기 위해서는 반드시 진흙탕이 필요한 것이니 생사(生死)에서 일어나는 것을 비유

연화(蓮華)는 상서로운 것이니, 보는 자가 성불하는

것을 비유

연화(蓮華)가 희미한 것으로부터 뚜렷해지니, 한 순간에 모두 부처가 될 수 있는 것에 비유

연화(蓮華)가 진흙에서 생겨도 진흙에 더러워지지 않는 것은 일승(一乘)이 삼승(三乘) 가운데 있으면서 삼승(三乘)이 일승(一乘)을 오염시키지 않는 것을 비유

연화(蓮華)에 여는 것이 있고 닫는 것이 있는 것은 인연에 대하여 숨는 것이 있고 드러나는 것이 있는 것에 비유

연화(蓮華)가 모든 꽃 중에서 가장 수승한 것은 모든 설법 가운데서 법화경이 가장 제일인 것을 비유

연화(蓮華)가 꽃이 필 때 열매를 드러내는 것은 교묘하게 이치를 드러내는 것을 비유

일체법(一切法)은 이 마음을 포섭하고 [마음이 곧 일체법(一切法)이요]

일체법(一切法)은 이 법을 포섭한다. [일체법(一切法)이 곧 마음이다.]

하나의 진실한 진리(眞理)는 둘이 없고, 둘이 없으므로 일실제(一實諦)라고 한다. 일실제(一實諦)는 허위가 없고 전도되어 있는 것이 없으며 일실제(一實諦)는 상

락아정(常樂我淨)이라 이름하니 공가중(空假中)과 차이가 없다. 일실제(一實諦)는 일불승(一佛乘)과 다르지 않다. 일실제(一實諦)는 실상(實相)이고 실상(實相)은 곧 경(經)의 바른 본체이다. 실상(實相)은 즉공(卽空) 즉가(卽假) 즉중(卽中)이다.

◦ 실상(實相)의 본체(本體)는 단지 한 법이지만 부처님께서는 여러 가지 이름으로 말씀하신 것이다.

묘유(妙有) 진선묘색(眞善妙色) 실제(實諦) 필경공(畢竟空) 여여(如如) 열반(涅槃) 허공불성(虛空佛性) 여래장(如來藏) 비유비무중도(非有非無中道) 제일의제(第一義諦) 미묘적멸(微妙寂滅) 등이라 한다. 이런 다른 명칭이 모두 실상(實相)의 다른 호칭이다.

◦ 실상(實相)의 모습은 모습으로서 모습이 아님이 없고 모습으로서 모습이 없음이 아니니 실상이라 한다.

◦ 실상(實相)은 모든 부처님께서 얻으신 법이므로 묘유(妙有)라고 부른다.

묘유(妙有)는 비록 볼 수 없어도 모든 부처님은 볼 수 있으므로 진선묘색(眞善妙色)이라고 부르는 것이다.

◦ 실상(實相)은 두 측면의 유(有)가 아니므로 필경공이라고 한다.

공(空)한 이치가 담연하여 하나도 아니고 다른 것도 아니기에 여여(如如)라고 한다.

◦ 실상(實相)은 적멸(寂滅)하므로 열반(涅槃)이라 하는 것이다.

◦ 실상(實相)은 깨달아 아는 것이 바뀌지 않으므로 허공불성(虛空佛性)이라 한다.

◦ 실상(實相)은 유(有)에도 의지하지 않고 무(無)에도 따르지 않으므로 중도(中道)라고 한다.

◦ 실상(實相)은 최상이고 허물이 없으므로 제일의제(第一義諦)라고 하는 것이다.

◦ 실상(實相)은 모든 법(法)을 포함하여 구비하였으므로 여래장(如來藏)이라고 한다.

◦ 여여(如如)는 진실이 아니고 진실이 아닌 것도 아

닌 것이니 이와 같은 것들은 모두 제법실상(諸法實相)이라고 한다.

◦ 원교보살(圓敎菩薩)은 법에 의지하여 모든 범부(凡夫)를 회통한다. 바다가 온갖 물을 수용하듯이

◦ 일체 모든 법(法)이 묘법(妙法)에 융섭되는 것은 곧 원교의 문(門)이다.

'같지도 않고 다르지도 않다. 허망한 것도 아니고 진실한 것도 아니다.'라는 것은 두 극단을 버리는 것이니, 곧 공(空)도 아니고 유(有)도 아닌 비공비유문(非空非有門)이다. [즉중도실상(卽中道實相)]

묘법(妙法)은 생사(生死)에 즉(卽)하여 열반(涅槃)이므로 교법(敎法)이 협소하지 않고, 번뇌(煩惱)에 즉(卽)하여 보리(菩提)이므로 수행이 협소하지 않다.

◦ 이 법화경을 들으면 성문법을 끊을 것이니, 모든 경(經) 중에 왕이다.

너희들이 행하는 바는 보살도이다. 방편(方便)의 문을 열어서 진실의 상을 보인다.

법화경의 본체

지금 부처님께서 광명을 비추어 실상의 뜻을 도와 밝히신다.

제법실상의 뜻을 이미 너희들을 위해 말하였다.

모든 부처님은 일대사인연(一大事因緣)으로 세상에 출현하시어 사불지견(四佛知見)을 연다 하고, 무상도(無上道) 실상인(實相印) 등이라 하고, 백대우거(白大牛車)는 대승(大乘)에 비유하고, 가업(家業)을 맡긴다고 이름하고, 일체지(一切智)의 지위 최고의 진실한 일이라고 이름한다. 보배 있는 곳에 이른다고 이름한다. 값도 모를 보배구슬을 달아줌이라 이름한다. 비밀장(祕密藏)이라 이름한다. 평등대혜(平等大慧)라 이름하고, 실상(實相)이라 이름하며, 같지도 않고 다르지도 않음이라 이름한다. 비요장(祕要藏)이라 이름하고, 보현색신삼매(普現色身三昧)라 이름하며, 온갖 공덕의 근본을 심음이라 이름한다.

보문(普門)이라 이름한다.

◦ 진리의 극치는 진실이고 진실로써 모습을 삼기 때문에 실상(實相)이라 이름한다. 만법(萬法)이 있다 해도 실상(實相)에 드는 문(門)이다.

영묘한 지혜가 고요히 비춤을 불지견(佛知見)이라고 이름하며, 삼세 모든 부처님께서 실상을 깨달아 행하시고 중생을 교화하시므로 일대사인연(一大事因緣)이라고 한다.

텅비어서 막힘이 없어 두루 통함을 도(道)라고 한다.

◦ 필경공(畢竟空) 여래장(如來藏) 혹은 중도(中道) 등의 여러 가지 이름이 있으나 모두가 실상(實相)의 별칭이다.

대지도론에서 모든 법의 실상(實相)을 여의면 모두 마왕의 일이라고 이름한다.

행법경에 대승(大乘)의 원인은 모든 법의 실상이요, 대승(大乘)의 결과 모든 법의 실상이다.

묘법(妙法)이란 여래의 영묘한 지혜의 본체(本體)이다.

묘법(妙法)은 부처님께서 얻으신 구경의 진리로서 실상(實相)을 근본으로 삼는다.

◦ 열반경왈(涅槃經曰), 만약 상주불멸(常住不滅)하는 모습이 있다면, 이는 생사(生死)의 법이요 마왕의 모습이다. 불법(佛法)에는 상주불변하는 모습이 없다.

◦ **적문(迹門) : 폐권입실(廢權立實)** = 방편(方便)을 파하고 진실한 불지견(佛知見)을 세운다.

본문(本門) : 개적입본(開迹立本) = 적문(迹門)을 열어 본지(本地)를 세운다. 짧은 수명(壽命)을 폐(廢)하고 구원(久遠)의 진실한 결과를 밝힌다.

적문(迹門) : ①파삼현일(破三顯一) ②폐삼현일(廢三顯一) ③개삼현일(開三顯一) ④회삼현일(會三顯一) ⑤주일현일(住一顯一) ⑥주삼현일(住三顯一) ⑦주비삼비일현일(住非三非一顯一) ⑧복삼현일(覆三顯一) ⑨주삼용일(住三用一) ⑩주일용삼(住一用三)

파삼현일(破三顯一) = 너희들이 얻은 열반은 진실한 열반이 아니다.

폐삼현일(廢三顯一) = 곧바로 방편을 버리고 다만 무상도를 설하노라.

개삼현일(開三顯一) = 방편문을 열어 진실상을 보인다.

회삼현일(會三顯一) = 너희들의 행하는 바는 보살도이니 차츰 수학하여 모두 성불할 수 있다.

주일현일(住一顯一) = 부처님은 스스로 대승(大乘)에 머물면서 그 얻은 법과 같이 선정과 지혜의 힘으로 장엄하고 이것으로써 중생을 제도하신다. 만약 소승으로

교화한다면 나는 간탐에 떨어지니

주삼현일(住三顯一) = 과거 부처님이 행하신 방편력을 생각하고는 나도 지금 이와 같이 녹야원(바라나시)으로 가서 방편력으로 다섯 비구를 위해 설했느니라.

주비삼비일현일(住非三非一顯一) = 혹은 이치에 의거하고 혹은 현상에 의거한다. 이 법은 법의 위치에 머물며 세간상에 상주(常住)한다. 이 법은 보일 수 없다. 법이 항상 무자성(無自性)임을 안다. 부처의 종자 연(緣)으로부터 일어난다. 만약 내가 중생을 만나면 불도로써 가르치리라.

복삼현일(覆三顯一) = 만약 이 법을 믿지 않는 자가 있으면 나머지 다른 깊은 법 가운데 법을 가르쳐서 이익을 주고 기쁘게 하라.

본문

①파적현본(破迹顯本) ②폐적현본(廢迹顯本) ③개적현본(開迹顯本) ④회적현본(會迹顯本) ⑤주본현본(住本顯本) ⑥주적현본(住迹顯本) ⑦주비적비본현본(住非迹非本顯本) ⑧복적현본(覆迹顯本) ⑨주적용본(住迹用本) ⑩주본용적(住本用迹)

파적현본(破迹顯本) : 적문에 대한 의심을 불식하고 본문의 지혜를 드러내므로 파적현본이라고 한다. 생사가 오래 전에 이미 영원히 다하였으므로 중간에 비로소 열반(涅槃)에 든 것이 아니니라. 일체 세간에서는 모두 석가모니불께서 석씨 궁전을 나와 가야성 가기가 멀지 않은 도량에서 아녹다라삼먁삼보리를 얻었다고 생각하지만 내가 진실로 성불(成佛)한 것은 무량무변 백천만억 나유타 겁이니라.

폐적현본(廢迹顯本) : 나는 항상 이 사바세계에 머물면서 설법 교화하였으며 또한 나머지 백천만억 나유타 아승지 국토에서도 중생을 이끌어 이익되게 하였느니라.

개적현본(開迹顯本) : 내가 실로 성불한 이래 오래된 것이 이와 같고 다만 방편으로써 중생을 교화하여 불도에 들어가게 하였다.

회적현본(會迹顯本) : 모든 선남자여, 이 중간에 나는 연등불 등을 말하였고 또 열반에 들어간다고 말하였으나 이와 같은 것은 모두 방편으로써 분별한 것이다.

주본현본(住本顯本) : 내가 성불하여 옴이 매우 오래되었으니 수명은 무량 아승지 겁으로서 상주불멸(常住不滅)하느니라.

주적현본(住迹顯本) : 내가 부처의 눈으로 그의 신심과 모든 근기가 날카롭고 둔함을 관하여 응당 제도할 바를 따라 곳곳에서 이름이 같지 아니하고 나이도 많게도 하고 적게도 하여 스스로 설하였으며, 또한 다시 마땅히 열반에 든다고 말하기도 하고 또 가지가지 방편으로 미묘한 법을 설하여 능히 중생으로 하여금 환희하는 마음을 일으키게 하느니라.

비적비본현본(非迹非本顯本) : 삼계의 모습은 진실도 아니고 거짓도 아니며 같지도 다르지도 않으니 이러한 것을 여래께서 여실히 보신 것이다.

복적현본(覆迹顯本) : 약간의 언사와 인연과 비유로써 여러 가지로 설법하여 불사를 지어 잠깐이라도 폐하지 않았느니라.

주적용본(住迹用本) : 나는 지금 진실로는 멸도하는 것이 아니지만 멸도를 취할 것이라고 가르쳐 말하는 것이니 여래는 이런 방편으로 중생을 교화하시느니라. 이것이 수적(垂迹)에 머물러 본지(本地)의 멸도로써 멸도를 보이는 것이다.

주본용적(住本用迹) : 수적(垂迹)이 법계(法界)에 두루하고 생(生)이 아니면서 생(生)을 나타내고 멸(滅)이 아니면서 멸(滅)을 나타내는 것이다.

또 선남자여, 제불 여래의 법은 모두 이와 같이 중생을 제도하기 위한 것으로 모두 진실하여 거짓이 아니니라. 부처님은 제각기 다른 중생의 연(緣)에 응하였으므로...

○ 화엄(華嚴)에서 비로소 도량에 앉자 처음 정각을 이루었다면(始成正覺) 성불한 지 얼마 되지 않는 것이니 근성신(近成身)이요, 법화(法華)에서는 성불한 지 이미 백천만억 나유타 아승지 겁이라 구원신(久遠身)이요, 중간(中間)과 금일은 모두 자취일 뿐이다.

방편(方便) 가운데서 설한 것이 상주(常住)라 하면서 본문교(本門敎)가 어찌 상주(常住)를 밝히지 못하리오.

또 무량의경(無量義經)에서 이르기를, 화엄해운(華嚴海雲)을 설하고 역겁을 수행했다 하더라도 일찍이 이와 같이 깊고 깊은 무량의경을 베풀어 설하지 않았노라.

가야성의 수명은 응신불(應身佛)의 수명이요,
무량 아승지의 수명은 보신불(報身佛)의 수명이요,
상주불멸(常住不滅)의 수명은 법신불(法身佛)의 수명이

니, 삼신(三身)의 부처님이 완연하니 상주(常住)의 뜻이 족하도다.

◦ 삼종보리(三種菩提)를 나타낸다 하니

첫째 **응화보리(應化菩提)**이니, 석씨 궁전을 나와 가야성 가기가 멀지 않은 도량에 앉아 아뇩다라삼먁삼보리를 얻었다.

둘째 **보신불보리(報身佛菩提)**이니, 내가 진실로 성불해 옴이 무량무변 백천만억 나유타 겁이니라.

셋째 **법신불보리(法身佛菩提)**이니, 여래는 삼계(三界)의 상을 실상(實相)과 같이 보고 알아 생사와 혹은 물러남과 혹은 나옴도 있음이 없고 또한 세상에 있거나 멸도 하는 자도 없으며 진실도 아니고 허망함도 아니며 같은 것도 아니고 다른 것도 아니며 삼계에서 보는 삼계와 같지 않느니라.

※ **중생계(衆生界)가 열반계(涅槃界)**인 것과 같으니 중생계(衆生界)를 여의지 않는 것이 곧 여래장(如來藏)이다.

법화경(法華經)은 바로 일승교(一乘敎)이니 열반(涅槃)과 함께 그윽하게 만난다.

◦ 색(色)이 생사(生死)이고 공(空)은 열반(涅槃)이다.

생사(生死)의 경계와 열반(涅槃)의 경계는 하나이고 불이(不二)이다.

◦ 반야(般若)로 말미암아 법계(法界)에 들어가는 것을 **화엄해공(華嚴海空)**이라 한다.

또한 화엄시는 어려워서 예전의 소승(小乘)의 근기는 들어가지 못하니 귀머거리 같고 벙어리 같다. 지금 반야(般若)를 듣고 들어가니 이것이 화엄해공이다.

◦ 열반경(涅槃經)에서 제호(醍醐)라 하고 법화경(法華經)에서 대왕의 음식이라 하니 그러므로 두 경이 모두 제호임을 알 수 있다.

범부(凡夫)는 우유와 같고 성문(聲聞)은 낙미(酪味)와 같고 벽지불(辟支佛)은 생소(生蘇)와 같고 보살(菩薩)은 숙소(熟蘇)와 같고 부처님은 제호(醍醐)와 같다.

설산인욕초(雪山忍辱草) 설산에 인욕초를
우음제호득(牛飮醍醐得) 소가 먹으면 제호를 얻고
원교불방편(圓敎不方便) 원교는 방편을 거치지 않고
불성즉회복(佛性卽回復) 불성을 곧 회복한다.

∘ 법화현의(法華玄義)에서 밝힌 적문(迹門)의 십묘(十妙)

1, **경계의 묘**(경묘境妙) : 심히 깊고 미묘한 법은 보기도 어렵고 깨닫기도 어려우니라. 한량없는 억 겁 동안 이 모든 도를 닦아 행하여서 도량에서 과(果)를 이루어 얻음이니 나는 이미 다 알고 보았노라. 이와 같은 큰 과보와 가지가지 성품과 모양과 뜻을 나와 시방 부처님만이 능히 이 일을 아시느니라 하심이 곧 경계의 묘이다.

2. **지혜의 묘**(지묘智妙) : 내가 얻은 지혜는 미묘하고 가장 으뜸이다. 또 이 미묘한 지혜로써 위없는 도를 얻었으니, 무루의 부사의하며 깊고 미묘한 법은 오직 나만이 이 모습을 알 수 있다.

지혜로운 벽지불이나 무루의 최후신에 머문 이들이 또한 그 수가 대나무 숲과 같이 시방세계 가득하여 함께 한 마음으로 한량없는 억 겁 동안을 부처님의 실상 지혜를 생각하여도 능히 작은 부분도 알지 못하리 하심은 곧 지혜의 묘이다.

3. **수행의 묘**(행묘行妙) : 부처님은 일찍이 백천만억 수없는 모든 부처님을 친근하여 모든 부처님의 한량없

는 도법을 다 행하시고 용맹 정진하시어 이름이 널리 알려졌으며 매우 깊고 미증유한 법을 성취하여 마땅함을 따라 설하시므로 뜻을 알기가 어려움이니라.

모든 법은 본래부터 오면서 항상 스스로 적멸의 형상이니 불자가 이런 도를 수행하면 오는 세상에서 성불하리라 하심이 곧 수행의 묘이다.

4. **계위의 묘**(위묘位妙) : 약초유품의 삼초이목(三草二木)이 곧 계위묘이며 이 보배수레를 타고 사방을 노닌다 하심은 사방은 깨닫기 위한 원인행의 계위이고, 곧게 도량에 이른다 하심은 깨달은 결과의 계위이다. 이것이 곧 계위의 묘이다. [승차보승乘此寶乘 직지도량直至道場 (묘각妙覺)]

5. **세 가지 법의 묘**(삼법묘三法妙) : 부처님은 스스로 대승에 머무르시어 그 얻은 법과 같이 선정과 지혜의 힘으로 장엄하신다 하심은, 대승은 곧 진성궤(眞性軌)이고 선정은 자성궤(資成軌)이며 지혜는 관조계(觀照軌)이다. 이 세 가지 법이 곧 삼법의 묘이다.

진성궤는 진여 실상의 본체
자성궤는 진리를 돕는 일체의 만행
관조궤는 생각을 깨뜨리고 진리를 나타내는 지혜의 작용

6. **감응의 묘**(감응묘感應妙) : 내가 처음 도량에 앉아 나무를 관하고 또한 경행하면서 삼칠일 동안 이와 같은 일을 생각하되, 내가 얻은 지혜는 가장 미묘하고 제일이건마는 중생은 모든 근기가 둔하여 즐거움에 착하여 어리석은 장님이라, 이와 같은 무리들을 어떻게 가히 제도할 수 있을까 하심과 나는 부처의 눈으로 여섯 갈래 중생을 살펴본다. 일체 중생은 모두 나의 자식이다 하심이 곧 감응의 묘이다.

7. **신통의 묘**(신통묘神通妙) : 지금 세존께서 신통 변화의 형상을 나타내시니, 무슨 인연으로 이러한 상서가 있는 것일까. 지금 부처님 세존께서는 삼매에 드셨으니, 이 불가사의하고 희유한 일이 나타남을 마땅히 누구에게 물을 것이며 누가 능히 대답할 것인가 하심이 곧 신통묘이다.

8. **설법의 묘**(설법묘說法妙) : 사리불아, 여래는 능히 가지가지로 분별하여 모든 법을 공교롭게 설하시되, 말씨는 부드럽고 연하시어 여러 사람의 마음을 기쁘게 하심이라, 이 모든 중생이 부처님으로부터 법을 듣고 마침내 모두 일체종지를 얻을 것이니라. 곧 바로 방편을 버리고 다만 무상도를 설하노라 하심이 곧 설법의 묘이다.

9. **권속의 묘**(권속묘眷屬妙) : 널리 모든 대중에게 이르노니 다만 일승도로써 모든 보살을 교화하되, 성문 제자는 없느니라 하심이 곧 권속의 묘이다.

10. **공덕이익의 묘**(이익묘利益妙) : 성문이나 혹은 보살들이 내가 설하는 법을 한 게송이라도 들을지라도 모두 성불함이 의심이 없느니라. 스스로 무상도인 대승 평등법을 증득하고도 만약 소승으로 교화함이 한 사람에 이를지라도 나는 곧 간탐에 떨어지리니 이런 일은 옳지 못하느니라. 일체 중생을 교화하여 모두 불도에 들게 함이니라 하심이 곧 이익의 묘이다.

본문십묘(本門十妙)

1. 본인묘(本因妙) 2. 본과묘(本果妙) 3. 본국토묘(本國土妙) 4. 본감응묘(本感應妙) 5. 본신통묘(本神通妙) 6. 본설법묘(本說法妙) 7. 본권속묘(本眷屬妙) 8. 본열반묘(本涅槃妙) 9. 본수명묘(本壽命妙) 10. 본이익묘(本利益妙)

본문십묘 해설은 75~78p에 등재되어 있습니다.

적문십묘(迹門十妙)

1. 경묘(境妙) 2. 지묘(智妙) 3. 행묘(行妙) 4. 위묘(位妙) 5. 삼법묘(三法妙) 6. 감응묘(感應妙) 7. 신통묘(神通妙) 8. 설법묘(說法妙) 9. 권속묘(眷屬妙) 10. 이익묘(利益妙)

색심불이(色心不二) 내외불이(內外不二) 수과불이(修果不二) 시본불이(始本不二) 인과불이(因果不二) 염정불이(染淨不二) 의정불이(依正不二) 자타불이(自他不二) 삼업불이(三業不二) 권실불이(權實不二) 수윤불이(受潤不二) (수受 = 초목草木, 윤潤 = 교教)

절대지관(絕待止觀) 원교지관(圓教止觀) 원융(圓融) 번뇌즉보리(煩惱卽菩提) 제법즉실상(諸法卽實相) 생사즉열반(生死卽涅槃) 무명즉법성(無明卽法性) 사바즉적광(娑婆卽寂光)

◦ 실상(實相)은 법화경(法華經)의 본체일 뿐만 아니라 일체경(一切經)의 본체(本體)이며 나아가 모든 수행의 본체가 되며 두루 일체법의 본체가 되는 것을 알 수 있다.

◦ 하찮은 선(善)이나 미세한 원인도 개회(開會)하면

원만한 원인이거늘 이승(二乘)의 행이나 보살(菩薩)의 행이 어찌 묘(妙)한 인과가 아니겠느냐는 것이다.

파적현본(破迹顯本) 본인묘(本因妙)
회적현본(會迹顯本) 본과묘(本果妙)
개적현본(開迹顯本) 본국토묘(本國土妙)
주본현본(住本顯本) 본설법묘(本說法妙)
폐적현본(廢迹顯本) 본감응묘(本感應妙)
주비적비본(住非迹非本) 본신통묘(本神通妙)
복적현본(覆迹顯本) 본수명묘(本壽命妙)
주적용본(住迹用本) 본권속묘(本眷屬妙)
적시용본(迹是用本) 본열반묘(本涅槃妙)
주본용적(住本用迹) 본이익묘(本利益妙)

◦ 화엄(華嚴)은 원교(圓敎)에 별교(別敎)를 겸하고 있고, 삼장(三藏)은 단지 장교(藏敎) 하나 뿐이며, 방등(方等)은 사교(四敎)를 설하면서 대승(大乘)과 소승(小乘)을 상대한 것이고, 반야(般若)는 통교(通敎)과 별교(別敎)를 대동하여 바로 원교(圓敎)를 설한 것이지만, 법화경(法華經)은 겸兼·단但·대對·대帶가 없으니, 이것은 오로지 바로 곧 무상도이기 때문에 묘법(妙法)이라 부르는 것이다.

◦ 연화(蓮華)에는 기이함이 많다. 연(蓮)을 위해 피는

화(華)는 꽃과 열매가 갖추어져 있으니 진실(실實)에 즉(即)한 방편(권權)에 비유할 수 있다.

또 꽃이 벌어지자 연(蓮)이 드러나는 것은 방편(方便)에 즉(即)한 진실(眞實)에 비유한다.

또 화(華)가 떨어지면 연(蓮)이 맺어지고 연(蓮)이 맺어지면 또한 꽃이 떨어지는 것은 방편도 아니고 진실도 아닌 것에 비유한다.

이러한 뜻이 편리하기 때문에 연화(蓮華)를 가지고 묘법(妙法)에 비유하는 것이다.

。 생긴 법이 즉공(即空)이란 끊어져 없는 것(단무斷無)이 아니라는 것이요,

즉가(即假)란 둘이 아니라는 것(불이不二)이요,

즉중(即中)이란 다른 것이 아니라는 것(불이不異)이다.

즉 인연으로 생긴 법(인연소생법因緣所生法)이란 모든 곳에 두루한 것이다.

。 지금 실상(實相)의 본체(本體)를 말하면 방편(方便, 權) 그대로가 진실(實)이라 봄으로 단무(斷無)라는 비방을 벗어나게 되고, 진실 그대로가 방편(方便)이라 봄으로 멋대로 건립하였다는 비방도 벗어나게 되며, 방편(方便)과 실상(實相)은 곧 방편(方便)과 진실이 아니라

봄으로 다르다는 비방을 벗어나게 되고, 방편(方便)과 진실을 함께 비추어 모든 곳에 두루 하다고 봄으로 다한다는 비방을 벗어나게 된다.

∘ 스스로 수행하고 남을 교화하는 방편(方便)과 진실을 체득하면, 그대로가 스스로 수행하는 방편과 진실이라 하는 것이란 옷속에 무가보주와 같다.

스스로 행하는 방편 그대로가 스스로 행하는 진실이라 한 것이란, 일체 세간의 치생산업(治生産業)이 실상과 더불어 서로 위배되지 않는 것과 같다.

일색일향(一色一香)이 중도(中道) 아닌 것이 없거늘 하물며 스스로 행하는 진실이 어찌 실상이 아니겠는가.

∘ 실상행(實相行)을 닦는 것을 부처의 원인(불인佛因)이라 하고 도량(道場)에서 얻은 것을 부처의 결과(불과佛果)라고 한다.

이것은 단지 지혜로 알 수 있을 뿐 말로써 자세히 나타낼 수 없다.

비록 부처님의 교설이 매우 많다 해도 점漸·돈頓·부정不定·비밀祕密을 벗어나지 못한다.

◦ 이 법화(法華)는 현로(顯露)이지 비밀(祕密)이 아니고, 점돈(漸頓)이지 점점(漸漸)이 아니고 합(合)이지 합이 아닌 것(불합不合)이 아니고 제호(醍醐)이지 네 가지 맛(사미四味)이 아니고 정(定)이지 부정(不定)이 아니다. 이와 같이 분별(分別)하니 이 법화(法華)는 모든 경전(經典)의 모습과 다르다.

◦ 또한 모든 경(經)에서는 다 이르기를, 보리수(菩提樹)에서 스승님의 실지(實智)가 비로소 완성되었으며 보리수에서 일어나 비로소 방편의 지혜(권지權智)를 베풀기 시작했다고 하나, 이 법화경에서는 스승의 방편(方便)과 진실(眞實)이 보리수에 앞서 이미 오랜 옛날부터 가득차 있다고 밝히셨다.

◦ 모든 경(經)에서 밝히시기를 이승제자(二乘弟子)는 실지(實智)를 얻을 수 없고 또 방편(方便)의 지혜(권지權智)도 베풀 수 없다고 한다.

그러나 이 법화경에서 밝히시기를 제자(弟子)가 실지(實智)에 들어간 지 이미 오래되었고 또한 진작부터 이해하여 방편(方便)을 행했다고 한다. 모든 경(經)에서는 보리수 이전에 스승과 제자의 아주 가까운 방편과 진실조차 논하지 못하거늘 하물며 구원의 것이랴.

경(經)에 이르시기를 옛적에 일찍이 설하지 않은 것

을 지금 모두 들을 수 있다 하시고 은근히 칭찬하심은 진실로 이 때문이다. 마땅히 알라. 이 경은 다른 모든 가르치심과는 다른 것을.

경에서 이르시기를 지금 부처님께서 광명을 비추어 실상(實相)의 뜻을 도와 일으키신다고 하시고, 또 이르시기를 제법실상(諸法實相)의 뜻을 이미 너희들을 위하여 말하였다고 하시고 또 이르시기를 무량한 중생이 받들 실상인(實相印)을 말하였다고 하심은 고금에서 함께 실상(實相)을 본체(本體)로 삼는 것이다.

◦ 경에서 이르시기를, 부처님께서 법비를 내리셔서 도를 구하는 사람을 충족케 하신다고 하시고 이 삼승(三乘)을 모아 일승(一乘)으로 돌아가는(회삼귀일會三歸一) 법비는 불도의 원인을 구하는 자를 충족케 하며 내지 일체를 모아 충족케 한다. 만약 가까운 것을 열어 먼 것을 드러내는 법의 비라면 불과(佛果)를 구하는 자로 하여금 충족케 한다.

◦ 경문에서 이르시기를, 모든 삼승(三乘)을 구하는 사람에게 의심과 후회가 있으면 부처님께서는 모두 끊어 없애 남음이 없도록 하신다고 하시고 또 이르시기를, 모든 부처님은 법을 설한 지 오랜 후에야 진실을 말씀하신다고 하심은 이것은 삼승(三乘)과 오승(五乘) 칠방

편(七方便)과 구법계(九法界) 등의 의심을 끊어서 모두 믿음을 생기게 하는 것이다. 이것은 법화경(法華經) 용(用)을 증명하는 것이다.

◦ 여래신력품(如來神力品)에서 이르시기를, 요긴한 것을 말하자면 여래일체(如來一切) 소유지법(所有之法) 여래일체(如來一切) 자재신력(自在神力) 여래일체(如來一切) 비요지장(祕要之藏) 여래일체(如來一切) 심심지사(甚深之事)를 모두 이 경전에서 베풀어 설하셨다 한다.

일체법이란 권실(權實)의 일체법(一切法)이 모두 포함되고 이것은 경의 명칭을 증명하는 것이다.

자재신력(自在神力)이란, 안의 용(用)은 자재라 하고 역용은 신력(神力)이라 경(經)의 역용을 증명하는 것이다. 적불님의 교화 활동이며, 비밀지장(祕要之藏)이란 그릇이 아니면 줄 수 없는 것을 비(祕)라 하고 바른 본체를 요(要)라 하며 포함하는 것을 많이 쌓아두지 않은 것을 장(藏)이라 하니, 이것은 경의 본체(本體)를 증명한 것이다. 본불님의 구원실성이시다.

심심지사(甚深之事)란 실상(實相)을 깊고 깊다고 하고 실상을 위하여 닦는 원인을 깊은 심인(深因)이라 하며 구경의 실상을 깊은 결과(심과深果)라고 한다.

또 법사품에서 이르시기를, 만약 이 경을 들으면 이에 보살도를 잘 행할 것이다고 하심은 깊은 원인(심인 深因)이다. 불도를 구하는 자가 모두 내 앞에서 법화경의 묘한 한 구절을 듣거나 내지 잠시라도 따라 기뻐하면 내가 모두에게 수기(授記)를 주리라고 하시고 내지 잠깐이라도 들으면 곧 아뇩다라삼먁삼보리를 얻으리라 하심은 깊은 결과(심과深果)이다. 이것은 법화경(法華經)의 종(宗)을 증명하신 것이다.

일대사인연(一大事因緣)을 위하여는 명(名)을 증명하는 것이요, 부처님의 지견은 본체(體)를 증명하는 것이며, 불지견(佛知見)을 개시오입(開示悟入)함은 종(宗)을 증명하는 것이요, 중생으로 하여금은 용(用)을 증명하는 것이며, 이것이 여타의 경전과 다른 것은 교(敎)를 증명한 것이다.

。마음(心)은 본래 이름이 없고 또한 이름이 없는 것조차 없으니, 마음은 생기지 않는다고 하며 또한 멸하지 않는다고 하니, 마음은 곧 실상(實相)이다.

대반열반경에서 이르시기를, 대저 마음이 있는 자는 모두 삼보리를 얻을 것이다고 하니 마음이 종(宗)이다.

유교경(遺敎經)에서 이르시기를, 마음을 다스리면 무사하고 논란이 없다고 하니 마음이 역용(用)이다.

대지도론에서 이르시기를, 삼계(三界)에 다른 법은 없

고 오직 일심(一心)이 지을 뿐이다고 한다.

마음은 지옥도 되고 천당도 되며, 마음은 범부(凡夫)도 되며 성현(聖賢)도 되는 각관심(覺觀心)이 언어의 근본이다.

∘ 생겨나는 차례를 마음으로 관찰한다. 마음으로써 마음을 관찰하면 관찰하는 마음(능관심能觀心)으로써 보이는 경계(소관경所觀境)가 있으니, 관찰로써 경계와 계합하기 때문이며, 마음으로부터 해탈(解脫)을 얻기 때문이다.

만약 일심(一心)이 해탈(解脫)을 얻으면 일체(一切)로 하여금 모두 해탈케 하기 때문이다.

∘ 마음이 모든 법의 근본이니, 마음은 곧 전체이다. 고심(苦心)이 곧 법신(法身)이니 이것이 마음의 본체(심체心體)요, 번뇌심(煩惱心)이 반야(般若)이니 이것이 종요(심종心宗)이며, 업심(業心)이 곧 해탈(解脫)이니 이것이 마음의 역용(심용心用)이다.

∘ 사실단(四悉壇)

一, **세계실단(世界悉壇)** : 부처님께서 중생의 뜻에 맞

추어 세간적 통속적으로 말씀하신 법(法)

二, **위인실단(爲人悉檀)** : 부처님께서 설법(說法)하실 때 지혜가 얕고 깊고 과거의 선근(善根)이 있고 없고를 살펴보시고 알맞은 교법을 설함. 올바른 믿음을 내어 선종(善種)을 심게 하는 것.

三, **대치실단(對治悉檀)** : 법을 듣는 자의 마음의 병에 따라 적당한 설법을 하시는 것. 성냄이 치성한 자에게는 자비관(慈悲觀)을, 욕심이 많은 자에게는 부정관(不淨觀)을 닦게 하는 등이다.

四, **제일의실단(第一義悉壇)** : 절대적 견지에서 제법실상(諸法實相)을 설하시어 중생으로 하여금 위없는 진리에 들어가게 함. 불지견(佛知見)에 들게 하시는 법

◦ 제호(醍醐)의 경전(經典)은 하나의 인과(因果)가 높고 넓고 길어서 묘(妙,完)일 뿐 추(麤)는 없다. 또 제호의 경전의 묘(妙)한 원인과 묘(妙)한 결과는 다른 경전의 묘한 원인과 묘(妙)한 결과와 다르지 않으므로 묘(妙)라고 한다. 권실불이(權實不二)

◦ 법화경(法華經)에서 중생으로 하여금 불지견(佛知見)을 열어 보여 깨달아 들어가게 하기 위하여 라고 하심은, 만약 중생에게 불지견(佛知見)이 없다면 무엇을 연

다고 하겠는가. 그러므로 마땅히 불지견(佛知見)은 중생에게 깊이 내재함을 알아야 한다.

◦ 불법(佛法)은 방편(權)과 진실(實)을 벗어나지 않는다.

이 법은 아주 깊고 미묘하여 보기도 어렵고 요달하기 어렵다.

일체 중생이 부처님을 알 수 없는 것이니, 이는 곧 실지(實智)의 묘(妙)이다. 오직 부처님과 더불어 부처님만이 제법실상(諸法實相)을 깨달아 아시기 때문이니 이것을 불법(佛法)의 묘(妙)라고 함.

◦ 중도실상(中道實相)의 이치는 범부의 마음과 부처의 깨달음이 다르지 않고 일색(一色) 일향(一香)이 중도(中道)가 아님이 없다. 이런 뜻이므로 **본말구경등(本末究竟等)**이라 한다.

花恒有笑不喧擾　화항유소불훤요
鳥而啼唳不見見　조이제려불견견
竹影掃階塵不動　죽영소계진불동
月穿潭底水無痕　원천담저수무흔

꽃은 항상 웃어도 시끄럽지 아니하고

새가 울어도 눈물을 볼 수 없구나.
대나무 그림자가 섬돌을 쓸어도 티끌이 일지 않고
달이 연못 밑을 뚫어도 물은 흔적이 없도다.

∘ 법화경에서 그만 그만 두어라 말할 수 없다.(어언도단語言道斷)

내 법은 미묘하여 생각하기 어렵다고 함은 생각이 끊어짐(절사絶思)

이 법은 보일 수 없으니, 말의 모습이 고요하게 사라졌기 때문이다.

이것은 절대(絕待)의 가르침을 찬탄한 말씀이다.

상대(相待)로써 보일 수 없고 절대(絕待)로써 보일 수도 없으며, 상대도 절대도 사라졌으므로 적멸(寂滅)인 것이다.

∘ 방편(方便,權)을 열어 진실(實)을 드러내므로 모두 추한 것이 다 묘(妙)이니 절대묘(絕待妙)이다. 법화(法華)는 뭇 경(經)을 총괄하여 여기에서 궁극(窮極)을 이룬다. 부처님의 출세본의(出世本意)는 모든 교법(敎法)의 뜻이 돌아가는 것(지귀旨歸)이다.

지금 법화경(法華經)은 곧바로 방편(方便)을 버리고 다만 무상도(無上道)를 설하노라.

십이인연(十二因緣)과 십여시(十如是)

무명(無明)은 여시성(如是性)에 합하고

행(行)은 여시상(如是相)에 합하고

식(識) 명색(名色) 육입(六入) 촉(觸) 수(受)는 여시체(如是體)에 합하고

애(愛)는 여시연(如是緣)에 합하고

취(取)는 여시력(如是力)과 여시작(如是作)에 합하고

유(有)는 여시인(如是因)에 합하고

생(生)과 노사(老死)는 여시과(如是果) 여시보(如是報) 등과 합한다.

전체적으로 합하면

여시상(如是相)은 행(行)과 유(有)의 두 가지에 합하고

여시성(如是性)은 무명(無明) 애(愛) 취(取)의 세 가지에 합하고

여시체(如是體)는 식(識) 명색(名色) 노사(老死)의 일곱 가지에 합하고

여시력(如是力)은 다시 번뇌도인 무명(無明) 애(愛) 취(取) 세 가지에 합하니, 무명(無明) 애(愛) 취(取)는 업(業)을 내는 힘이 있다.

여시작(如是作) 행(行)과 유(有)의 두 가지로써 일곱

가지 괴로움이 이루어지는 원인이 된다.

여시연(如是緣)은 다시 무명(無明) 애(愛) 취(取)의 세 가지이니, 업(業)을 더하여 괴로움을 취한다.

◦ 부처의 눈이 열리지 않으면 실상을 볼 수 없다.

그러므로 법화경에서 성문 연각과 새로 발심한 자나 불퇴전 보살이 알 수 없는 바이다고 한다. 그러므로 네 가지 눈은 모두 추(麤)이다. 여러 보살 대중의 믿는 힘이 견고한 자는 제외한다. 믿음으로써 깨달아 들어가는 것은 부처의 눈과 비슷한 것으로 참된 불지견을 열 수 있으므로 묘(妙)라고 한다.

법사공덕품에서 부모가 낳아준 눈이 마침내 청정하게 된다.

열반경에서는 대승(大乘)을 배우는 자는 비록 육안(肉眼)이 있지만 불안(佛眼)이라고 부른다고 한다.

◦ 번뇌(煩惱) 업(業) 고(苦) 세 가지 길은 반야(般若) 해탈(解脫) 법신(法身)의 세 가지 덕(德)과 다르지 않고 세 가지 덕은 세 가지 길과 다르지 않다.

또 세 가지 길은 모든 불법(佛法)을 갖춘 것이다. 왜냐하면 세 가지 길이 세 가지 덕이기 때문이다. 세 가지 덕은 곧 대열반(大涅槃)이니 비밀장(祕密藏)이라 이름한다. 이것이 곧 부처의 과덕(果德)을 갖추는 것이다.

◦ 만약 추(麤)를 열어서 묘(妙)를 드러내면 모든 방편의 진리가 이미 원융하게 묘(妙)한 진리를 이룬다.

일체가 모두 묘(妙)하여 실상(實相) 아님이 없다. 칠보의 큰 수레 그 수가 한량없다는 것은 삼승(三乘)을 모아 일승(一乘)으로 들게 하니, 절대묘(絶待妙)이다.

◦ 만약 일체어언도단이요 심행처멸이라면 추(麤)도 없고 묘(妙)도 없으며 상대(相待)도 없고 절대(絶待)도 없다. 일체법이 또한 추도 없고 묘(妙)도 없다.

◦ 참다운 이치로 볼 때 다시 권(權)이나 실(實)도 없다. 권도 아니고 실도 아니므로 묘(妙)와 묘(妙) 아님이 없다. 그러므로 묘(妙)라 한다.

추(麤)를 개(開)하여 묘(妙)를 논한 것은, 머리 약간 숙이고 손 한 번 들고 흙을 쌓아 모래로 탑을 세웠어도 모두 성불하였노라고 한 것은 비록 여러 가지 법을 설하셔도 그것은 일승(一乘)을 위함이다. 여러 가지 행이 모두 묘(妙)하여 상대할 추가 없어 상대(相待)가 곧 절대(絶待)이다. [相待卽絶待]

◦ 대품반야경에서 이르시되,

일체종지(一切種智)는 곧 적멸상(寂滅相)이니 갖가지 수행의 종류와 모양을 모두 아는 것을 일체종지라 이름한다고 한다. 적멸상은 온갖 차별의 모습을 버려 차별의 모습이 없는 것이며, 수행의 종류와 모양을 모두 아는 것은 함께 흐르고 함께 비추는 것이다.

무심(無心)으로 차별의 모습을 버리고 비추어 조작함이 없어 자연스럽게 고요히 알기 때문에 불가사의(不可思議)라고 이름한다. 이것이 무작사제(無作四諦)이다.

◦ 열반경에서 이르시되, 만약 어떤 사람이 무엇이 일체 모든 선근의 근본인가 라고 물으면 자심(自心)이 이것이라고 말해야 한다. 자심(自心)이 이미 수행의 근본이기 때문에 범행이라고 말한다.

만약 원교(圓敎)에 의해서 말하면 또한 열반경과 같이 자심(自心)이 곧 여래(如來)이고 자심(自心)이 곧 불성(佛性)이다. 자심(自心)이 만약 부처의 십력(十力) 사무외(四無畏) 삼십이상(三十二相)을 갖추지 않았다면 이것은 성문(聲聞)의 자심(自心)이고, 만약 구족(具足)하면 이것은 여래(如來)의 자심((自心)이다. 이 자심(自心)은 곧 큰 법(法)이 모인 것이고 자심(自心)은 곧 대열반(大涅槃)이다. 자심(自心)의 힘은 크고 깊어서 일체 복덕장엄을 구족한다. 그러므로 범행(梵行)이라 한다.

◦ 약초유품(藥草喩品)

소품약초(小品藥草) : 인천(人天)

중품약초(中品藥草) : 성문(聲聞)

상품약초(上品藥草) : 연각(緣覺) 장교(藏敎)

소목(小木) : 통교(通敎)

대목(大木) : 별교(別敎)

가장 진실한 것 : 원교(圓敎)

보현관경(普賢觀經) : 대승(大乘)의 원인은 제법실상(諸法實相)이요, 대승(大乘)의 결과(決果) 또한 제법실상(諸法實相)이다.

원교(圓敎)의 수행이란 일행(一行)이 곧 일체행(一切行)인 것이다.

안락행품(安樂行品) : 누가 묻는 자 있으면 다만 대승법(大乘法)으로 대답하라. 설령 방편(方便)으로써 듣는 자의 근기에 따르더라도(수의隨宜) 결국에는 대승(大乘)을 깨닫게 해야 한다.

◦ 오품위(五品位)

1. **수희품(隨喜品)** : 원만히 법계를 믿는다. 위로는 제

불(諸佛)을 믿고 아래로는 중생(衆生)을 믿어 모두 수희심(隨喜心)을 일으킨다. 이것이 원교(圓敎)의 자정심(慈停心)으로 두루 법계토(法界土)의 질투를 대치한다.

2. **독송품(讀誦品)** : 대승(大乘)의 문자(文字)를 독송한다. 문자(文字)는 법신(法身)의 활기와 생명이며, 독송(讀誦)은 그 공력(功用)이 뛰어나니, 이것이 원교(圓敎)의 수식정심(數息停心)이다. 두루 법계토(法界土)의 추(麤)와 사념(思念)과 미세한 사념을 대치한다.

3. **설법품(說法品)** : 스스로 마음을 정화하고 또한 타인의 마음도 정화한다. 이것이 원교(圓敎)의 인연정심(因緣停心)으로서 두루 법계토(法界土)의 자타(自他)의 어리석음을 대치한다.

치(癡)가 없어지므로 제행(諸行)이 없어지고 내지 노사(老死)도 없어진다.

4. **겸행육도품(兼行六度品)** : 원교(圓敎)의 부정정심(不淨停心)이다. 육폐(六蔽)의 처음을 탐욕이라 이름한다. 만약 탐욕을 버리면 욕망의 원인과 욕망의 결과가 모두 버려진다.

5. **정행육도품(正行六度品)** : 원교(圓敎)의 염불정심(念佛停心)으로 육도(六度)를 바르게 행할 때 현상(事)에 즉(即)하여 진리이다. 진리는 도(道)를 방해하지 않고 현상도 방해하지 않는다. 현상에 즉한 진리이므로 논할 만한 장애가 없다.

。 경에 이르시되, 이것이 모든 부처님의 일대사인연 (一大事因緣)이라 한다 함은 일승(一乘)의 제법실상(諸法實相)으로 들어가는 것이다. 또 이르시되, 오직 부처와 부처만이 곧 제법실상(諸法實相)을 궁구하여 다하신다 함은 즉 묘각(妙覺)의 계위인 것이다.

。 비유품(譬喩品)에서는 모든 자식들이 문 밖에서 수레를 찾으매 장자가 각기 똑같은 큰 수레를 주니 이때 모든 자식들은 이 보배 수레를 타고 사방으로 노닐면서 희희낙락하고 자재무애(自在無碍)하여 직지도량(直至道場)이라 함은, 사방(四方)이란 곧 열어(開) 보이고 (示) 깨달아(悟) 들어가는(入) 사십위(四十位)를 비유하고 직지도량(直至道場)은 곧 실상(實相)을 다 궁구한 묘각(妙覺)의 계위인 것이다. 불과(佛果)가 직지도량(直至道場)이다.

。 열반경(涅槃經)에 이르시되, 열(涅)은 불생(不生)이라 하고 반(槃)을 불멸(不滅)이라 하며 불생불멸(不生不滅)을 대열반(大涅槃)이라 한다.

불성(佛性)이란 또한 하나이면서 하나가 아니고 하나가 아니면서 하나가 아님도 아니다 라고 한다. 또한 하나란 일체 중생이 모두 일승(一乘)이기 때문이니, 이것은 제일의제(第一義諦)를 말한다.

◦ 방편품(方便品)에 이르시되, 시방세계를 살펴 구할지라도 다시 다른 승(乘)은 없고 오직 일불승(一佛乘)뿐이다. 일불승(一佛乘)은 삼법(三法)을 원만히 구족하여 또는 제일의제(第一義諦)라 이름하고 또는 제일의공(第一義空)이라 이름하며 또는 여래장(如來藏)이라고 이름한다.

이 셋은 셋이 아니고 셋이면서 하나를 논하며, 하나는 반드시 하나가 아니고, 하나이면서 셋을 논한다. 불가사의(不可思議)로서 나란히 하지도 않고 떨어져 있지도 않으니 이자(伊字) 천국(天國)이다. [법신·반야·해탈]

◦ 실상(實相)을 가리켜 여래장(如來藏)이라 하므로 온갖 보배로 치장하고 또 많은 하인이 이를 모시어 호위한다고 한다.

실상(實相)을 가리켜 제일의공(第一義空)이라 하므로 살찌고 씩씩하고 힘이 센 크고 흰 소가 걸음이 빠르기가 바람과 같다고 한다.

지혜(智慧)에 물듦이 희다(白) 하고 번뇌를 부숨이 힘이 세다(多力)고 하며, 중도(中道)의 지혜(智慧)를 평정(平正)하다고 하고 무공용(無功用)에 들어가므로 빠르기가 바람과 같다고 한다.

。 지금의 법화경(法華經)은 곧바로 방편(方便)을 버리니, 그러므로 묘(妙)를 더한다. 지금 중생에게 모든 깨달음의 숨겨진 보물을 보이매, 더러운 풀을 김매 제거하여 숨겨진 보배를 열어 드러낸다. 일체 무애인(無礙人,無碍人)은 한 길로 생사(生死)를 벗어난다. 시방세계를 자세히 살펴 구할지라도 다시 다른 승(乘)은 없고 오직 일불승(一佛乘)뿐이다. 그러므로 묘(妙)라 한다.

。 범부의 일념(一念)에 곧 십법계(十法界)를 구족하고 모두 악업(惡業)의 성상체(性相體)가 있지마는 다만 악의 성품과 모습은 선(善)의 성상체일 뿐이다. 악으로 말미암아 선(善)이 있고 악(惡)을 떠난 선(善)이 없는 것이니, 모든 악을 뒤집으면 곧 선(善)의 자성인 것이다. 마치 대나무 중에 불의 성질이 있지마는 아직 불의 현상이 없으므로 불의 성질이 있더라도 태우지 못하되, 연을 만나 불의 현상이 이루어지면 곧 사물을 태우게 되는 이치다.

。 **번뇌즉여래종(煩惱卽如來種)**

방편품(方便品)에 이르시되 세간상상주(世間相常住)한다고 하시니 어찌 생사즉법신(生死卽法身)이 아니겠는가.

제법종본래(諸法從本來)   상자적멸상(常自寂滅相)이라 함은 번뇌즉보리(煩惱卽菩提)의 도리이니라.

◦ 삼인불성(三因佛性)

비유품에 이르시되, 너는 진실로 나의 아들이요 나는 진실로 너의 아비라 함은 곧 정인불성(正因佛性)이고 또 나는 옛적에 너에게 무상도를 가르쳤기 때문에 일체의 지혜와 서원이 아직도 없어지지 않고 남아 있다고 함은 곧 요인불성(了因佛性)이요, 서원은 곧 연인불성(緣因佛性)이다.

또 상불경(常不輕)보살품에서 나는 감히 여러분을 가벼이 여기지 않노니 여러분들은 모두 성불할 것이라 함은 정인불성(正因佛性)이요, 이때 사부대중이 여러 경을 독송한다 함은 요인불성(了因佛性)이요, 모든 공덕을 닦음은 곧 연인불성(緣因佛性)이다.

◦ 삼반야(三般若)

방편품(方便品)에 이르시기를, 그만 그만두어라. 모름지기 말하지 않으려니 나의 법은 미묘하여 사유하기 어렵노라. 또 이르시되, 이 법은 보일 수 없으며 말씀과 모습이 적멸(寂滅)하기 때문이니라고 함은 곧 **실상반야(實相般若)**이다. 나와 시방의 부처님만이 곧 이 모습(相)을 아노니, 오직 부처와 부처만이 곧 다 궁구할 수 있느니라. 내가 얻은 지혜는 가장 미묘하여 제일이니라고 하심은 **관조반야(觀照般若)**이다.

또 여래수량품에 이르시되, 나는 항상 중생이 도를 행하고 행하지 않음을 알아 그에 따라 제도할 바에 응하여 여러 가지 법을 설하여 약간의 언사와 근기에 따라 적절한 대응과 방편을 펴신다 하심은 곧 **문자반야(文字般若)**이다.

또 이르시되, 여래의 지견은 광대하고 심오하다고 하심은 곧 실상반야(實相般若)이다. 또 방편과 지견을 모두 구족한다고 하심은 곧 문자반야(文字般若)이다.

∘ 삼보리(三菩提)

여래수량품에 이르시되, 진실도 아니고 거짓도 아니며 같은 것도 다른 것도 아니라서 삼계(三界)에서 보는 삼계(三界)와 같지 않으니라 하심은 곧 **실상보리(實相菩提)**이다.

또 내가 성불한 이래 참으로 오래 되었다 하심은 곧 **실지보리(實智菩提)**이다. 또 내가 말하노니 나는 젊어서 출가하여 가야성 근처에서 무상정등각을 얻었느니라 하심은 곧 **방편보리(方便菩提)**이다.

만약 내가 중생을 만나면 불도로써 다 가르친다 하심은 곧 실상보리(實相菩提)이다. 불자가 도를 행함으로써 내세에 부처가 되리라. 또 이 보배 수레를 타고 곧 바로 도량에 이른다 하심은 곧 수행하여 이루는 실지보리(實智菩提)이다. 팔상성도(八相成道)는 곧 방편보리(方便菩提)이다.

 。방편품(方便品)에서 부처님 스스로 대승(大乘)에 머무신다 하심은 곧 실상(實相)의 몸은 허공(虛空)과 같고, 선정과 지혜의 힘(定慧力)으로써 장엄한다고 할 때 지혜는 하늘의 달과 같고 선정은 물속의 달과 같은 것이다. 또 오직 부처와 부처만이 곧 제법실상(諸法實相)을 다 궁구한다 하심은 곧 법신(法身)이다.

 내가 얻은 지혜는 가장 미묘하여 제일이라고 하심은 곧 보신(報身)이다. 명칭을 두루 듣는다고 하심은 응신(應身)이다. 여래수량품(如來壽量品)에 혹은 자기 몸을 보인다 하심은 곧 법신(法身)과 보신(報身)이고 혹은 다른 몸을 보인다 하심은 보신(報身)과 응신(應身)이다.

 。방편품(方便品)에 나는 삼십이상으로 몸을 장엄하고 광명으로 시방을 비춰 실상인(實相印)을 말한다고 하심은, 실상인(實相印)은 법신(法身)이고 시방을 비춤은 곧 보신(報身)이며 삼십이상을 갖춘다 하심은 응신(應身)이다.

◦ **삼열반(三涅槃)** [성정열반性淨涅槃 원정圓淨 방편정方便淨]

방편품(方便品)에 이르시되, 이 법은 보일 수 없으니 언사의 모습(相)이 적멸(寂滅)하기 때문이다. 또 제법종본래(諸法從本來) 상자적멸상(常自寂滅相)이라 하심은 **성정열반(性淨涅槃)**이다.

성정열반(性淨涅槃) : 염·정(染·淨)을 초월하여 불생불멸(不生不滅)하는 제법실상(諸法實相)의 이치

모두 여래의 멸도로써 이들을 멸도(滅度)한다고 하심은 곧 **원정열반(圓淨涅槃)**이다. 또 여래수량품에서 내가 성불하여 옴은 이미 오래되었으며 오랫동안 닦은 업으로 얻은 바이니라. 지혜의 빛을 비춤이 무량하다 하심은 원정열반(圓淨涅槃)이다. 서품에서 여러 번 생(生)을 나타내시고 곳곳에서 멸도를 나타내시되, 오늘 밤에 멸도하사 섶이 다 타 불이 꺼지듯 하시니 라고 함은 **방편정열반(方便淨涅槃)**이다.

원정열반(圓淨涅槃) : 지혜로 번뇌를 끊고 증득한 열반

방편정열반(方便淨涅槃) : 화현(化現)한 응신불(應身佛)이 그 중생을 교화하는 일을 마치고 멸도하는 열반

일체(一切) 삼보(三寶)는 하나가 아니면서 하나이고

셋이 아닌 셋이다. 이 셋과 하나는 종도 아니고 횡도 아니므로 이를 이름하여 묘(妙)라고 한다.

° 법화경(法華經)은 무량한 모습을 오히려 하나로 모으니 이것은 곧 방편(方便)을 열어서 진실을 드러내는 것으로서 다만 추(麤)한 것이 묘(妙)한 것이다.

왜냐하면 본래 하나의 이치를 드러내어 모든 방편을 지으면 방편(方便)이 곧 진실이기 때문이다. 성문법(聲聞法)을 다 끊으니 모든 경의 왕인 것이다. 구법계(九法界)의 근기(根機)가 곧 불계(佛界)의 기(機)이며 사성(四聖)의 응(應)도 묘응(妙應)이 아닌 것이 없다.

° **삼륜(三輪)** [신륜(身輪) 구륜(口輪) 타심륜(他心輪)]

관세음보살보문품에서 사바세계에 노닌다는 것은 신륜(身輪)이고, 중생을 위해 설법한다는 것은 구륜(口輪)이다. 신·구(身·口)의 두 가지 륜(輪) 타심륜(他心輪)을 겸하여 나타내는 것이다.

° 설법묘(說法妙)란 설법(諸法)은 보일 수 없으니 언사상적멸(言辭相寂滅)하기 때문이며 인연이 있는 까닭에 또한 말하여 보일 수 있느니라.

◦ **무문자설(無問自說)**이란 성인(聖人)의 설법은 대체로 질문으로 청(請)할 것을 기다리지만 또 중생을 위해서 불청지사(不請之師)가 되시기도 하니, 그러므로 질문이나 청하지 않아도 스스로 설하신다.

또한 불법(佛法)은 알기가 어려워서 질문하는 사람이 없으니 만약 스스로 설(說)하지 않으신다면 중생은 법(法)을 설하실지 혹은 설하시지 않을지를 알지 못하고, 또 다시 무슨 법을 설하실지 알지 못하기 때문에 성인께서는 묻지 않아도 스스로 설하여 이에 그것을 드러냄으로써 깊고 깊은 깨달음의 세계를 설하여 증명하시는 것이다. 이것이 무문자설(無問自說)에 의지함으로써 드러내신 제법실상(諸法實相)의 도리의 진리인 법화경(法華經)이다.

불청지사(不請之師)란 불보살(佛菩薩)은 중생(衆生)이 청하지 아니해도 스스로 그들 가운데 들어가 위없는 법(法)을 설하여 고통의 바다에서 건져 제도 해탈케 한다. 중생(衆生)의 아픔이 있는 그곳에 불보살은 언제나 함께 하시면서 제도할 바에 따라 알맞은 법을 설하여 그들을 밝은 곳으로 이끌어낸다.

화광동진(和光同塵)이란 말씀과 같으니 자신의 밝은 빛을 감추고 중생(衆生)의 아픔과 같이 한다는 뜻이다.

무문자설(無問自說)에도 두 가지가 있다.

첫째는 이치가 깊고 뜻이 심원하여 사람 중에 묻는 자가 없을 경우이고, 둘째는 물을 수 없는 것은 아니지만 다만 법을 듣는 자가 듣기에 마땅하면 부처님은 청하지 않은 스승이 되시는 경우이다. 물음을 기다리지 않고 스스로 법을 설하시는 경우를 불청지사(不請之師)라 한다.

∘ 화엄(華嚴)에서 치료할 수 없는 바 이는 방편의 말씀이기 때문이라는 것을 법화(法華)가 치료할 수 있음은 곧 진실한 말씀이기 때문이다.

치료하기 어려운 것을 치료하는 것은 이것이 묘(妙)이다.

∘ 상불경보살(常不輕菩薩)은 나는 여러분을 가벼이 여기지 않습니다. 여러분은 보살도를 닦아 반드시 성불할 것입니다 하심은 **정인불성(正因佛性)**이 멸하지 않는 것이요,

모든 과거의 부처님 계실 때나 현재 또는 부처님 멸도하신 후 만약 한 게송이라도 이 법을 들으면 모두 불도를 이룰 수 있으니, 이는 곧 **요인불성(了因佛性)**이 멸하지 않는 것이다.

머리 약간 숙이고 손 한 번 드는 것과 같은 미소한 선행(善行)으로 불도(佛道)를 이룬다는 것은 **연인불성(緣因佛性)**이 멸하지 않는 것이다.

일체 중생은 이 삼덕(三德)을 갖추지 않음이 없다. 즉 추(麤)를 열어 묘(妙)를 드러내니 절대(絶待)로써 권속묘(眷屬妙)를 밝힌 것이다.

。촉루품에서 이르시기를, 만약 중생이 이 법화경을 믿지 않는다면 나머지 깊은 법 가운데서 가르쳐 보여 이롭고 기쁘게 하라 하심은, 나머지 깊은 법이란 방편(方便)을 대동하는 것이요 깊은 것이란 중도(中道)를 밝히는 것이다. 방편(方便)을 대동하고 중도(中道)를 밝히는 것은 별교(別教)이다.

경문(經文)은 별교(別教)를 써서 원교(圓教)를 돕는 것을 허용하신 것이다.

◦ **본문(本門)의 열 가지 묘(妙)를 밝힘**

1. 본인묘(本因妙) 2. 본과묘(本果妙) 3. 본국토묘(本國土妙) 4. 본감응묘(本感應妙) 5. 본신통묘(本神通妙) 6. 본설법묘(本說法妙) 7. 본권속묘(本眷屬妙) 8. 본열반묘(本涅槃妙) 9. 본수명묘(本壽命妙) 10. 본이익묘(本利益妙)

1. **본인묘(本因妙)** : 근본에 처음에 보리심(菩提心)을 내어 보살도(菩薩道)를 행하고 닦는 원인이다. 경문에 이르시기를, 내가 불안으로써 그 오래됨을 보건대 오히려 지금과 같다고 하시고 오직 부처님만이 이와 같이 오래됨을 아시니 이것은 모두 적문(迹門)의 원인일 뿐 본문(本門)의 원인은 아니다. 그러므로 적문을 떨쳐버려 의심을 없앤 것이니, 방편이지 진실이 아니다. 내가 본래 보살도를 행할 때에는 중간은 존재하지 않고 이것을 지나기 이전에 행한 도는 이것을 근본이라 하니 이것이 본인묘(本因妙)이다. 내가 본래 보살도를 행하여 이룬 바 수명은 지금도 아직 다하지 않았으며, 이것이 본인묘(本因妙)이다.

2. **본과묘(本果妙)** : 내가 진실로 성불하여 옴이 한량없고 가이 없는 백천만억 나유타 겁이니라. 이것이 본과묘(本果妙)이다.

3. **본국토묘(本國土妙)** : 나는 항상 이 사바세계에서 있으면서 법을 설하여 교화하였으며 또한 다른 백천만 억 나유타 아승지 국토에서도 중생을 인도하여 이롭게 하였느니라. 곧 본국토묘(本國土妙)이다.

4. **본감응묘(本感應妙)** : 만약 어떤 중생이 나의 처소에 오면 내가 부처의 눈으로 그의 신심과 모든 근기가 날카롭고 둔함을 관하여 응당 제도할 바를 따라 곳곳에서 이름이 같지 아니하고 나이도 많기도 하고 적게도 하여 스스로 설하였으며, 이것이 근기를 비추는 지혜이며 곧 본감응묘(本感應妙)이다.

5. **본신통묘(本神通妙)** : 여래가 연설한 바 경전은 모두 중생을 제도하기 위함이니 혹은 자기의 몸을 설하고 혹은 남의 몸을 설하며 혹은 자기의 몸을 보이고 혹은 남의 몸을 보이며 혹은 자기의 일을 보이고 혹은 남의 일을 보이되, 이것은 십계(十界)의 모습을 드리워 중생을 제도함이 이와 같으니 곧 본신통묘(本神通妙)이다.

6. **본설법묘(本說法妙)** : 이 모든 보살들은 모두 내가 교화한 이들이다. 지금 모두 물러서지 않는 계위에 머물며 나의 도법을 닦고 배웠다. 또한 혹은 자기의 몸

을 설하고 혹은 남의 몸을 설하며 하신 것은 곧 본설법묘(本說法妙)이다.

7. **본권속묘(本眷屬妙)** : 이 모든 큰 보살들은 수없는 겁으로부터 오면서 부처님의 지혜를 닦아 익혔느니라. 이는 다 내가 교화한 바로 큰 도의 마음을 일으키게 하였노라. 이들은 나의 아들이니 이 세계를 의지하여 머물러 항상 두타의 일을 행하고 뜻은 고요한 곳을 좋아하여 대중의 시끄러움을 버리고 말 많은 것 좋아하지 않나니 이와 같은 모든 자식들이 나의 도법을 배워 익히며 밤낮으로 항상 정진하여 불도를 구하기 위한 까닭으로 사바세계 아래 방위의 허공 중에 머물러 있느니라.

8. **본열반묘(本涅槃妙)** : 지금 진실한 멸도(滅度)가 아니면서 문득 마땅히 멸도를 취한다고 소리 높여 말하노니 여래는 이런 방편으로 중생을 교화하느니라. 이전의 인연을 이미 마쳤으므로 멸도한다고 말씀한 것이다. 이것이 곧 본열반묘(本涅槃妙)이다.

9. **본수명묘(本壽命妙)** : 그들로 하여금 모든 선근(善根)을 내게 하고자 약간의 인연과 비유와 말로써 가지가지 법을 설하되 불사를 지어 잠깐도 폐하지 않았느

니라. 이와 같이 내가 성불하여 옴이 심히 오래되고 멀어서 수명은 한량없는 아승지 겁이니라. 항상 머물고 멸하지 않느니라. 이것이 곧 본수명묘(本壽命妙)이다.

10. **본이익묘(本利益妙)** : 나는 항상 이 사바세계에 있으면서 법을 설하여 교화하였으며 또한 다른 백천만억 나유타 아승지 국토에서도 중생을 인도하여 이롭게 하였느니라. 또 부처님께서 설하시는 수명의 겁수가 이와 같이 장원함을 듣고 한량없고 가이 없는 아승지의 중생이 큰 이익을 얻었다. 이것이 곧 본이익묘(本利益妙)이다.

본문십묘(本門十妙)는 경전의 있는 말씀이며 사람이 만든 것이 아니다.

본문십묘(本門十妙) 해석

본인묘(本因妙) : 내가 본래 보살도를 행하여 이룬 수명이다.

본과묘(本果妙) : 내가 성불한 지 한량없는 아승지 겁이니라.

본국토묘(本國土妙) : 이로부터 나는 항상 이 사바세계에 머물러 설법 교화하였으며 또한 다른 국토에서도 중생을 이끌어 이롭게 하였느니라.

본감응묘(本感應妙) : 나는 불안(佛眼)으로써 그 믿음 등의 근기가 예리함과 둔함을 살펴 법을 설한다.

본신통묘(本神通妙) : 여래비밀(如來祕密) 신통지력(神通之力) 혹은 자기의 몸을 설하고 혹은 남의 몸을 설하며...

본설법묘(本說法妙) : 이들은 내가 교화하여 큰 도의 마음을 일으켜 모두 불퇴전에 머문다 하심이요.

본권속묘(本眷屬妙) : 이 모든 보살이 하방의 허공 중에 머무르니 이들은 바로 나의 아들이요 나는 곧 이들의 애비다.

본열반묘(本涅槃妙) : 열반에 드는 것은 진실한 멸도가 아니다. 항상 머무르고 있다.

본수명묘(本壽命妙) : 내가 본래 보살도를 닦아 얻은 수명은 지금도 오히려 다하지 않았다.

본이익묘(本利益妙) : 한량없고 가이 없는 아승지의 중생이 큰 이익을 얻었다.

◦ **연화에 비유한 십여시(十如是)**

1. 여시상(如是相)

검은 것은 물들지 않고 부드러우며 파괴되지 않는다. 모나지도 않고 둥글지도 않으며 생기지도 않고 멸하지도 않는다. 일체 중생의 자성청정심도 역시 그러하다. 번뇌(煩惱)에 물들지 않고 생사(生死)가 거듭 쌓이더라도 심성(心性)은 물들지 않고 움직이지도 않는다. 생기지도 않고 없어지지도 않으니, 이것이 불계(佛界)의 여시상(如是相)이다.

2. 여시성(如是性)

비유하면 연(蓮)의 종자(種子)가 비록 검은 껍데기와 진흙 속에 있어도 하얀 속살은 바뀌지 않는 것과 같다. 일체 중생의 요인인 지혜도 역시 그러하다. 이것을 불계(佛界)의 여시성(如是性)이라 한다. 그러므로 번뇌(煩惱)가 곧 보리(菩提)이다.

3. 여시체(如是體)

비유하면 연(蓮)의 종자(種子)가 진흙 가운데 있어도 사미가 썩지 않으니, 이것을 연종자(蓮種子)의 본체라 하는 것과 같다. 일체 중생의 정인불성(正因佛性)도 역시 이와 같으니, 상락아정(常樂我淨)으로 움직임도 없고 부서지지도 않는 것을 불계(佛界)의 여시체(如是體)라 한다.

4. 여시력(如是力)

비유하면 연자(蓮子)는 껍질에 갇혀있고 진흙에 잠겨 있을지라도 연의 무리가 마음에 있으니, 나고 자라는 데 기운이 있는 것과 같다.

중생심도 역시 그러하다. 괴로움이 결과 때문에 묶이고, 미혹에 잠길지라도 그 중에서 보리심을 내는 것이 매우 용맹하다. 마치 사자후와 같고 사자의 힘줄과 같다. 이것을 이름하여 불계(佛界)의 여시력(如是力)이라 한다.

5. 여시작(如是作)

비유하면 연(蓮)의 종자(種子)는 비록 아주 작을지라도 검은 껍데기 안에 뿌리와 줄기·꽃·잎·수·대의 무리를 갖추고 있으니, 모든 것이 단박에 구족한 것과 같다. 이것을 이름하여 연종자(蓮種子)의 여시작(如是作)이라 한다. 일체 중생의 초발심도 역시 그러하다.

밝은 깨달음을 결정하여 자비서원(慈悲誓願)으로 위로는 보리(菩提)를 구하고 아래로는 중생(衆生)을 교화하여 서원을 성취하고는 뜻에 피로하거나 물러섬이 없다. 이것을 불계(佛界)의 여시작(如是作)이라 이름한다.

6. 여시인(如是因)

비유하면 연자(蓮子)의 뿌리는 진흙에 의지해도 꽃은 허공에 있고 풍월로 비추고 움직여 밤낮으로 증장하니 번성하고 빛나는 것이 단번에 구족한 것과 같다. 일체 중생이 역시 그러하다.

무명(無明)으로부터 보리심(菩提心)을 일으키고 보살행을 닦으니, 생사(生死)를 벗어나 법성(法性) 중에 들어가 원인의 행을 성취하니, 부처님의 광명(光明)과 신통(神通)의 바람을 맞아 찰나에 부처님 지혜의 바다에 들어가니, 이것을 불계(佛界)의 여시인(如是因)이라 한다.

7. 여시연(如是緣)

비유하면 연화(蓮華)의 꽃술이 둘러싸여 꽃 안과 연(蓮) 밖에 있는 것과 같으니 이것을 여시연(如是緣)이라고 한다. 보살도 역시 그러하다.

참된 인(因) 가운데 만행의 육바라밀(六波羅蜜)이 구족한다. 일행(一行)이 일체행(一切行)이니, 원인을 돕는 것이 마치 꽃 안에 꽃술이 있는 것과 같아서 만약 결과를 얻을 때 모든 행이 휴식하는 것이 마치 꽃술이 연 밖에 있는 것과 같다. 이것을 불계(佛界)의 여시연(如是緣)이라 한다.

8. 여시과(如是果)

비유하면 연화(蓮華)는 꽃이 이루어 연을 맺지만 꽃과 잎은 떨어져 대자(大子)에 열매가 맺어지는 것과 같으니, 이것이 연자(蓮子)의 여시과(如是果)라고 한다. 보살도 역시 이와 같다. 참된 인으로 받은 무상보리(無上菩提)가 대과(大果)는 원만하고 구경(究竟)으로 열매를 이루니 이것을 불계(佛界)의 여시과(如是果)라고 한다. 불자행도이(佛子行道已) 내세득작불(來世得作佛)의 뜻이다.

9. 여시보(如是報)

비유하면 연실(蓮實)의 방대가 둘러싸는 것과 같으니 이것을 연자(蓮子)의 여시보(如是報)라 한다. 보살도 역시 그러하다. 경에서 이르시기를 "한량없는 억 겁 동안이 모든 도를 닦아 행하여서 도량에서 과를 이루어 얻음이니 나는 이미 다 알고 보았노라." 하심이 여시보(如是報)의 뜻이다.

10. 여시본말구경등(如是本末究竟等)

비유하면 진흙에 있는 연(蓮)의 사미와 허공에 있는 연(蓮)의 사미가 처음과 끝이 다르지 않은 것과 같다. 이것을 연자(蓮子)의 본말구경등(本末究竟等)이라 한다.

일체 중생도 이와 같으니 본유(本有)의 상락아정(常樂我淨)의 사덕(四德)이 은익되어 있는 것을 여래장(如來藏)이라 이름하고 수행(修行)으로 사덕(四德)이 드러난 것을 법신(法身)이라 이름한다. 성덕(性德)과 수덕(修德)의 상락아정(常樂我淨)은 하나로서 둘이 아니다. 이것을 불계(佛界)의 여시본말구경등(如是本末究竟等)이라 한다.

중생(衆生)의 십여시(十如是)와 불(佛)의 십여시(十如是)가 일여(一如)이다. 이것이 연화(蓮華)로써 십여시(十如是)의 경계이다.

십여시(十如是)

여시상(如是相) = 밖으로 나타나는 모습

여시성(如是性) = 안으로 가지는 개체의 성분

여시체(如是體) = 개체를 형성하는 주된 바탕

여시력(如是力) = 안으로 잠재하는 능력

여시작(如是作) = 여시력(如是力)이 나타나 움직이는 작용

여시인(如是因) = 결과를 초래하는 가까운 원인

여시연(如是緣) = 여시인을 도와 이루게 하는 먼 원인

여시과(如是果) = 여시인과 여시연에 의해 이루어지는 같은 종류의 결과

여시보(如是報) = 여시인, 여시연, 여시과에 의하여

초래된 과보

　여시본말구경등(如是本末究竟等) ＝ 여시상 ～ 여시보
가 구경에는 평등

　◦ 모든 부처님의 해탈은 마땅히 중생(衆生)의 심행중
(心行中)에서 구할 수 있다. 일심(一心)을 관찰하면 즉
삼심(三心)이니 이 세 가지 마음을 가지고 일체 심(心)
을 거치고 일체 법(法)을 거치니 일체법(一切法)은 이
마음을 포섭하고 일체심(一切心)은 이 법(法)을 포섭한
다. 일체심(一切心)이 두루하여 경(經)이 아닌 것이 없
다.

　◦ 부처님께서 스스로 대승(大乘)에 머무르시는 것은
결과(結果)이고 모든 제자가 이 보배수레를 타는 것은
원인이다. 대승(大乘)의 인과(因果)는 모두 실상(實相)이
다.

　◦ 만약 공가중(空假中)이 다르다면 전도(顚倒)라고 이
름하고, 다르지 않다면 부전도(不顚倒)라고 이름한다.
전도되지 않았기 때문에 번뇌가 없고 번뇌가 없기 때
문에 정(淨)이라고 이름한다.

　번뇌가 없으면 곧 업이 없고 업(業)이 없기 때문에
아(我)라고 이름한다.

업(業)이 없기 때문에 보(報)가 없고 보(報)가 없기 때문에 락(樂)이라고 이름한다. 보(報)가 없으면 곧 생사(生死)가 없고 생사(生死)가 없으면 곧 상(常)이라고 이름한다. 상락아정(常樂我淨)을 이름하여 일실제(一實諦)라 하니 일실제는 곧 실상(實相)이고, 실상은 곧 경(經)의 바른 본체이다.

◦ 실상(實相)의 본체는 단지 한 법이지만 부처님은 여러 가지의 이름으로 말씀하신 것이다. 이름하여 묘유(妙有) 진선묘색(眞善妙色) 실제(實諦) 필경공(畢竟空) 여여(如如) 열반(涅槃) 허공불성(虛空佛性) 여래장(如來藏) 중실리심(中實離心) 비유비무중도(非有非無中道) 제일의제(第一義諦) 미묘적멸(微妙寂滅) 등이라 한다.

◦ 실상(實相)의 모습은 모습으로서 모습이 아님이 없고 모습으로서 모습이 없음이 아니니, 실상(實相)이라 한다.

실상(實相)은 모든 부처님께서 얻은 법이므로 묘유(妙有)라고 부른다.

묘유(妙有)는 비록 볼 수 없어도 모든 부처님께서는 볼 수 있으므로 진선묘색(眞善妙色)이라고 부른다. 실상(實相)은 두 측면의 유(有)가 아니므로 필경공(畢竟空)이라고 한다. 공(空)한 이치가 담연하여 여여(如如)라고 하고 실상(實相)은 적멸(寂滅)하므로 열반(涅槃)이라고 한다. 깨달아 아는 것이 바뀌지 않으므로 허공불성(虛空佛性)이라 하고 함수된 바가 많기 때문에 여래장(如來藏)이라고 한다. 실상(實相)은 유(有)에도 의지하지 않고 무(無)에도 따르지 않으므로 중도(中道)라 하고 최상(最上)이고 허물이 없으므로 제일의제(第一義諦)라고 하는 것이다.

○ 대저 실상(實相)은 그윽하고 미묘(微妙)하여 그 이치가 깊고 깊다. 마치 절벽에 오르려면 반드시 사다리를 가설해야 하듯 진실의 근원에 계합하려고 한다면 반드시 교행(敎行)에 말미암는다. 불자행도이(佛子行道已) 내세득작불(來世得作佛) 제법종본래(諸法從本來) 상자적멸상(常自寂滅相) 하심이 교문(敎門)이시라.

○ 같지도 않고 다르지도 않다. 헛된 것도 아니고 진실한 것도 아니다. 곧 공(空)도 아니고 유(有)도 아닌 비공비유문(非空非有門)이다.

두 극단을 버린 것이니, 곧 실상(實相)인 것이다. (법화현의에서)

○ 생사(生死)와 열반(涅槃)이 둘이 아니라고 관찰하기

때문에 법신실상(法身實相)이 일어나는 것이다. 생사즉열반(生死卽涅槃)이기 때문에 해탈(解脫)을 증득(證得)하고, 번뇌즉보리(煩惱卽菩提)이기 때문에 반야(般若)를 증득(證得)한다.

이것은 둘이면서 둘이 아니고 법신(法身)을 증득(證得)하여 일신(一身)이 무량신(無量身)이다. 위없는 보배와 여의보주(如意寶珠)와 모든 법(法)을 구족한다.

。진선묘색(眞善妙色) 혹은 필경공(畢竟空) 혹은 여래장(如來藏) 혹은 중도(中道) 등의 여러 가지 다른 이름이 있어서 모두가 실상의 별칭이며 다 정인(正印)이다.

。만약 모든 법의 실상을 여의면 모두 마왕의 일이라고 이름한다.

관보현경에서 이르시기를 대승(大乘)의 원인이란 모든 법의 실상이요, 대승(大乘)의 결과라는 것 또한 모든 법의 실상이다 라고 한다.

폐삼현일(廢三顯一) : 정직사방편(正直捨方便) 단설무상도(但說無上道)

시방 불토중(佛土中) 다만 일승법만 있고 이승(二乘)도 없고 삼승(三乘)도 없느니라.

개삼현일(開三顯一) : 삼승을 열어 일불승을 드러낸다. 성문법(聲聞法)을 마치느니라

개권현실(開權顯實) : 방편(方便)의 문을 열어 진실상을 보인다.

회삼현일(會三顯一) : 너희들의 행하는 바는 보살도이니 점점 닦고 배우면 모두 마땅히 성불하리로다.

주일현일(住一顯一) : 부처님은 스스로 대승에 머물면서 그 얻은 법과 같이 선정과 지혜의 힘으로 장엄하고 이것으로써 중생을 제도하신다.

스스로 무상도인 대승(大乘) 평등법을 증득하고도 만약 소승(小乘)으로 교화함이 한 사람에 이를지라도 나는 곧 간탐(慳貪)에 떨어지리니, 이런 일은 옳지 못하느니라. 비록 여러 가지 도를 말하지만 기실은 일승(一乘)을 위한 것이다.

주삼현일(住三顯一) : 과거 부처님께서 행하신 방편력을 생각하고는 나도 지금 이와 같이 바라나시로 가서 방편력으로 다섯 비구를 위해 설했느니라. 또한 옛날에는 보살 앞에서 성문을 꾸짖었지만 부처님은 실로 대승으로써 제도하여 해탈케 한다.

주비삼비일현일(住非三非一顯一) : 이 법은 법의 위치에 머물며 세간상에 상주한다. 이 법은 보일 수 없다. 법이 항상 무자성이라고 안다. 부처의 종자는 연으로부터 일어난다. 머리 약간 숙이고 손 한 번 드는 사소

한 행위가 모두 불도를 이룬다. 만약 내가 중생을 만나면 모두 불도로써 가르치리라.

복삼현일(覆三顯一) : 만약 이 법을 믿지 않는 자가 있으면 나머지 깊은 법 가운데 법을 가르쳐서 이익을 주고 기쁘게 하라.

◦ 본문(本門) 십묘(十妙)를 사용함

1. 파적현본(破迹顯本) 2. 폐적현본(廢迹顯本) 3. 개적현본(開迹顯本) 4. 회적현본(會迹顯本) 5. 주본현본(住本顯本) 6. 주적현본(住迹顯本) 7. 주비적비본현본(住非迹非本顯本) 8. 복적현본(覆迹顯本) 9. 주적용본(住迹用本) 10. 주본용적(住本用迹)

1. 파적현본(破迹顯本) : 일체 세간의 하늘과 사람과 또 아수라는 모두 지금의 석가모니 부처님은 석씨 궁전을 나와 가야성 가기가 멀지 않은 도량에 앉아서 아녹다라삼먁삼보리를 얻었다고 생각하느니라. 그러나 선남자여, 내가 진실로 성불하여 옴이 한량없고 가이 없는 백천만억 나유타 겁이니라.

2. 폐적현본(廢迹顯本) : 내가 성불하여 옴은 다시 이보다 지나서 백천만억 나유타 아승지 겁이니라. 이로부터 스스로 오면서 나는 항상 이 사바세계에 있으면서 법을 설하여 교화하였으며 또한 다른 백천만억 나유타 아승지 국토에서도 중생을 인도하여 이롭게 하였느니라.

3. 개적현본(開迹顯本) : 내가 진실로 성불하여 옴이 이미 오래되어 이와 같지마는 다만 방편으로 중생을 교화하여 불도에 들게 하려고 이와 같이 설하였느니라.

4. 회적현본(會迹顯本) : 길고 짧고, 크고 작은 모든 수적은 다 본지로부터 드리워진다. 모든 선남자여, 이런 중간에 내가 연등(燃燈)부처님 등을 설하였으며, 또 다시 그 부처님은 열반에 들었다고 말하였으나 이와 같은 것은 모두 방편으로 분별한 것이니라.

5. 주본현본(住本顯本) : 부처님의 본의에 따른다. 내가 성불하여 옴이 심히 오래되고 멀어서 수명은 한량없는 아승지 겁이니라. 항상 머물고 멸하지 않느니라. 이는 본지(本地)에 머물러 본의(本意)를 드러냄이다.

6. 주적현본(住迹顯本) : 수적(垂迹)의 뜻에 따른다. 세존께서 생신으로 일승(一乘)을 드러내시고 일승을 드러냄으로 말미암아 옛 다보부처님의 탑이 솟아오른다.

"내가 부처의 눈으로 그의 신심과 모든 근기가 날카롭고 둔함을 관하여 응당 제도할 바를 따라 곳곳에서 이름이 같지 아니하고 나이도 많기도 하고 적게도 하여 스스로 설하였으며, 또한 다시 마땅히 열반에 든다고 말하기도 하고 또 가지가지 방편으로 미묘한 법을 설하기도 하여 능히 중생으로 하여금 환희하는 마음을 일으키게 하느니라.“

7. 주비적비본현본(住非迹非本顯本) : 본(本)을 드러냄은 언사(言辭)를 끊고 잠잠히 진리에 계합하는 것을 뜻한다.

여래는 삼계(三界)의 상을 실상과 같이 보고 알아 생사(生死)와 혹은 물러남과 혹은 나옴도 있음이 없고, 또한 세상에 있거나 멸도하는 자도 없으며, 진실도 아니고 허망함도 아니며, 같은 것도 아니고 다른 것도 아니며 삼계에서 보는 삼계와 같지 않느니라. 즉 이는 본지가 아니고 수적이 아니지만 본지(本地)이고 수적(垂迹)이다.

8. 복적현본(覆迹顯本) : 중생의 근기와 부처님의 응(應)함이 견고한 것에 의거한다. “그들로 하여금 모든 선근을 내게 하고자 약간의 인연과 비유와 말로써 가지가지 법을 설하되, 불사(佛事)를 지어 잠깐도 폐하지 않았느니라.”

9. 주적용본(住迹用本) : 여러 가지 본법(本法)으로써 모든 중생을 위해 불사(佛事)를 짓는 것이다. 그러므로 주적용본이라고 한다. "지금 진실한 멸도가 아니면서 문득 마땅히 멸도를 취한다고 소리 높여 말하노니, 여래는 이런 방편으로 중생을 교화하느니라.

10. 주본용적(住本用迹) : 본지(本地)를 움직이지 않고 수적(垂迹)이 법계(法界)에 두루하고 생(生)이 아닌 것으로 생(生)을 나타내며 멸(滅)이 아닌 것으로 멸(滅)을 나타내는 것이다.

"또 선남자여, 모든 부처님 여래의 법이 모두 이와 같아서 중생을 제도하기 위함이니 모두 진실하여 허망하지 아니함이니라."

◦ 가야성의 수명과 여러 가지 모습을 나타내신 것은 응신불(應身佛)의 수명(壽命)이요, 아승지의 수명이 무량한 것은 보신불(報身佛)의 수명(壽命)이며, 상주불멸(常住不滅)의 도리는 법신불(法身佛)의 수명(壽命)이다.

삼신불(三身佛)의 수명이 이와 같이 완연하니 상주(常住)의 뜻이 족하다.

응화보리(應化菩提) : 가야성 가기가 멀지 않은 도량

에 앉아 아뇩다라삼먁삼보리를 얻은 것을 이르는 것이요

보신불보리(報身佛菩提) : 나는 실로 성불한 지 무량하고 무변한 백천만억 나유타 겁이 되었다 라고 하심이요

법신불보리(法身佛菩提) : 여래는 여실하게 삼계(三界)의 모습을 보니 삼계에서 보는 삼계와 같지 않느니라.

이는 중생계(衆生界)가 곧 열반계(涅槃界)인 것과 같으니, 중생계를 여의지 않고 여래장(如來藏)인 것이다.

정인불성(正因佛性) : 나는 감히 너희들을 업신여기지 않는다. 여러분은 모두 마땅히 성불하리라.

요인불성(了因佛性) : 중생으로 하여금 불지견(佛知見)을 열게 하여

연인불성(緣因佛性) : 불종자(佛種子) 인연(因緣) 따라 일어나니, 이런 까닭으로 일승(一乘)을 설하시노라.

◦ 제호(醍醐)라는 것은 여러 맛 가운데 나중이다.

열반경(涅槃經)에서는 제호라 하고 법화경(法華經)에서는 대왕(大王)의 음식이라고 한다. 그러므로 열반(涅槃)과 법화(法華)가 제호임을 알 수 있다.

법화(法華)를 최후의 가르침 또는 맨 나중의 맛으로 한다.

범부(凡夫)는 우유와 같고 성문(聲聞)은 낙(酪)과 같고 보살은 생소(生蘇)나 숙소(熟蘇)와 같고 부처님은 제호(醍醐)와 같다.

∘ 입 안에 말이 적고 마음에 생각이 적고 뱃속에 밥이 적어야 한다.

※ 법화경 강설법회에서 설한 스님의 법문을 이 책에 담았습니다. 따라서 같은 내용의 글이 반복해서 담겨 있을 수 있음을 말씀드립니다.

묘법연화경(妙法蓮華經) 현의(玄義) 이(二)

천태대사(天台大師)

적문(迹門)의 십묘(十妙)

파추현묘(破麤顯妙) = 상대묘(相待妙),

개추현묘(開麤顯妙) = 절대묘(絶待妙)

① 경묘(境妙) : 심히 깊고 미묘한 법이므로 보기도 어렵고 이해하기 어렵다. 나와 시방세계의 부처님만이 이 모습을 알 수 있다.

② 지묘(智妙) : 법화경 방편품(方便品)에서 설하신 십여시(十如是) 등(等)의 제법실상(諸法實相)은 부처님과 부처님만이 능히 모든 존재의 참모습을 궁구한다. 실상(實相)은 곧 부처님 지혜(智慧)의 문이다.

"내가 얻은 지혜는 미묘하고 가장 뛰어나다. 또 이 미묘한 지혜로써 위없는 도를 구한다. 무루의 부사의하며 깊고 미묘한 법은 오직 나만이 이 모습을 알 수 있다."고 함이 지혜의 묘(妙)이다.

③ 행묘(行妙) : 본래 한량없는 부처님을 따라 모든 도를 갖추어 닦아 이 여러 가지 도를 행하고서야 도량에서 깨달음의 과를 얻을 수 있었다.

또 합장하고 공경하는 마음으로 구족한 도를 듣고자 한다. 제법이 본래부터 저절로 적멸상이니 불자(佛子)가 이런 도를 행하면 내세에 부처를 이루리라. 이러함이 곧 행묘(行妙)이다. 제법종본래(諸法從本來) 상자적멸상(常自寂滅相)

④ 위묘(位妙) : 하늘에서 내리는 네 가지 꽃비는 십주(十住) 십행(十行) 십회향(十廻向) 십지(十地)를 나타내고, 이 보배수레를 타고 사방으로 노닌다고 함은 깨닫기 위한 원인행의 계위이고, 곧 바로 도량에 이른다 함은 깨달은 결과의 계위이다. 이것이 계위의 묘(妙)이다. 승차보승(乘此寶乘) 직지도량(直至道場)

⑤ 삼법묘(三法妙) : 부처님은 스스로 대승에 머무르시어 그 얻으신 법과 같이 선정(禪定)과 지혜(智慧)의 힘으로 장엄한다.

◦ 대승(大乘)은 곧 진성궤(眞性軌, 허위가 없는 것 실상의 본체)이다.

◦ 선정(禪定)은 자성궤(資成軌, 진리를 관조하는 지혜

를 돕는 일체의 만행萬行)

。지혜(智慧)는 관조궤(觀照軌, 아득한 생각을 깨뜨리고 진리를 나타내는 지혜의 작용)이다.

이것이 세 가지 법의 묘(妙)이다.

⑥ 감응묘(感應妙) : "나는 삼칠일 동안 이와 같은 일을 생각하되 내가 얻은 지혜는 가장 미묘하고 제일이건마는" 또 "나는 부처의 눈으로 육도 중생을 살펴본다." 일체 중생이 모두 내 자식이다. 또 멀리서 그 아버지께서 사자좌에 앉아 계심을 본다 함이 곧 감응의 묘(妙)이다.

⑦ 신통묘(神通妙) : 지금 세존께서는 신통변화의 형상을 나타내시니, 무슨 인연으로 이러한 상서가 있는 것일까. 지금 부처님 세존께서는 삼매에 드셨으니, 이 불가사의하고 희유한 일이 나타남을 마땅히 누구에게 물을 것이며.. 함이 신통의 묘(妙)이다. 금불세존(今佛世尊) 현신통상(現神通相) 이하인연(以何因緣) 이유차서(而有此瑞)

⑧ 설법묘(說法妙) : 여래는 가지가지로 분별하여 교묘하게 모든 법을 설하시고 말씀은 부드러워 중생을

기쁘게 하시느니라. 사리불이 부드러운 음성을 들음은 심원하여 매우 미묘하다. 또 그 설한 법은 모두 일체종지를 얻느니라. 이 모든 중생이 부처님으로부터 법을 들으면 마침내 일체종지를 얻을 것이니라. 과거·현재·미래의 부처님 말씀은 가장 믿기 어렵고 알기 어렵다 함이 설법묘(說法妙)이다.

⑨ 권속묘(眷屬妙) : 다만 보살만 교화할 뿐 성문 제자는 없다 함은 권속의 묘(妙)이다.

⑩ 이익묘(利益妙) : 만약 한 구절 한 게송이라도 듣고 한 생각으로 따라서 기뻐함에 이르는 자에게는 내가 또 아뇩다라삼먁삼보리의 수기를 주리라.

"잠깐이라도 듣는 자는 곧 마침내 아뇩다라삼먁삼보리를 얻을 것이니라. 또 성문이나 혹은 보살들이 내가 설하는 법을 한 게송이라도 들을지라도 모두 성불함이 의심이 없느니라.

또 스스로 무상도인 대승 평등법을 증득하고도 만약 소승으로 교화함이 한 사람에 이를지라도 나는 곧 간탐에 떨어지리니 이런 일은 옳지 못하느니라. 또 끝내 한 사람이라도 홀로 멸도하게 하지 않고 모두 여래의 멸도로써 그들을 멸도케 한다 함이 곧 이익의 묘(妙)이다.

◦ 고난이 없으면 성공도 없다.

◦ 일체가 도무지 묘(妙)하여 실상(實相) 아님이 없다. 큰 수레의 그 수가 한량없다는 것은 법화경의 삼승(三乘)을 일승(一乘)으로 모으는 뜻으로 곧 절대묘(絶待妙)이다.

◦ 법화경에서는 무량한 모습을 오히려 하나로 모으니 이것은 곧 방편을 열어 진실을 드러내는 것으로 다만 추(麤)한 것이 묘(妙)인 것이다. 왜냐하면 본래 하나의 이치를 드러내어 모든 방편(方便)을 지으면 방편(方便)이 곧 진실이기 때문이다. (개추현묘開麤顯妙)

◦ 방편(方便)을 열어 진실을 드러내는 것이며 성문법을 다 끊으매 모든 경(經)의 왕인 것이다. 구법계(九法界)의 근기는 모두 불계(佛界)의 근기이고 사성(四聖)의 감응이 모두 묘응(妙應)이 아닌 바가 없다.

◦ 법화경에서는 모두 방편을 열어 진실을 드러내므로 똑같이 묘(妙)인 신통(神通)이다. (개권현실開權顯實)

◦ 궁자(窮子)인 품팔이꾼은 스스로 천한 사람이라고

여기지만 장자(長者)는 아들임을 분명히 안다. 이것이 상대(相待)의 신통묘(神通妙)인 것이다.

 。 일체 중생의 정인불성(正因佛性)이 멸하지 않음을 알아 ”나는 감히 여러분을 업신여기지 않았다.“ 하심이요, 모든 과거의 부처님과 또는 여래가 멸도한 후에 만약 한 구절이라도 들은 것이 있으면 모두 불도(佛道)를 이룰 수 있으니 이는 곧 요인불성(了因佛性)이 멸하지 않는 것이다. 머리 약간 숙이고 손 한 번 드는 것과 같은 사소한 행위도 모두 불도(佛道)를 이룬다 하심은 곧 연인불성(緣因佛性)이 멸하지 않는 것이다. 일체 중생이 삼덕(三德)을 갖추지 않음이 없으니, 곧 추(麤)를 열어 묘(妙)를 드러내는 것이다.

묘법불리심(妙法不離心) 인묘법외멱(人妙法外覓)

묘법은 마음을 떠나지 않건마는 사람들은 묘법을 밖에서 찾는다.

일심중묘법(一念中妙法) 제바라밀구(諸波羅蜜具)

한 생각 가운데 묘법이 있고 모든 바라밀을 구족하고 있다.

아심즉불성(我心卽佛性) 불성즉중도(佛性卽中道)

나의 마음이 곧 불성이요, 불성은 곧 중도이다.

묘법불원인(妙法不遠人) 인묘법부지(人妙法不知)

묘법을 사람들은 멀리 있다 하고 묘법을 사람들이 알지 못한다.

법화경의 용현의용 玄義를 논함[論用]	1. 이름을 해석함 2. 바로 해석함	3. 구별하여 해석함	(1) 迹門에 의거하여 해석함	①破三顯一
				②廢三顯一
				③開三顯一
				④會三顯一
				⑤住一顯一
				⑥住三顯一
				⑦住非三非一顯一
				⑧覆三顯一
				⑨住三用一
				⑩住一用三
			(2) 本門에 의거하여 해석함	①破迹顯本
				②廢迹顯本
				③開迹顯本
				④會迹顯本
				⑤住本顯本
				⑥住迹顯本
				⑦住非迹非本顯本
				⑧覆迹顯本
				⑨住迹用本
				⑩住本用迹

적문(迹門)은 ①파삼현일(破三顯一) ②폐삼현일(廢三顯一) ③개삼현일(開三顯一) ④회삼현일(會三顯一) ⑤주일현일(住一顯一) ⑥주삼현일(住三顯一) ⑦주비삼비일현일(住非三非一顯一) ⑧복삼현일(覆三顯一) ⑨주삼용일(住三用一) ⑩주일용삼(住一用三)으로 역용(力用)을 설명하고

본문(本門)은 ①파적현본(破迹顯本) ②폐적현본(廢迹顯本) ③개적현본(開迹顯本) ④회적현본(會迹顯本) ⑤주본현본(住本顯本) ⑥주적현본(住迹顯本) ⑦주비적비본현본(住非迹非本顯本) ⑧복적현본(覆迹顯本) ⑨주적용본(住迹用本) ⑩주본용적(住本用迹)으로 역용(力用)을 풀이하고 있다.

따라서 구체적인 사례를 드러낼 필요도 없이 용현의(用玄義)야말로 개현(開顯)을 총괄적으로 설명하는 것이라 할 수 있다. 그런데 이 모든 개현(開顯)은 십묘(十妙)에 두루 통하고 또 하나의 묘(妙)에도 이 열 가지 뜻이 다 갖추어져 있다고 한다.

파삼현일(破三顯一), 폐삼현일(廢三顯一), 개삼현일(開三顯一), 회삼현일(會三顯一), 주일현일(住一顯一), 주삼현일(住三顯一), 주비삼비일현일(住非三非一顯一), 복삼현일(覆三顯一), 주삼용일(住三用一), 주일용삼(住一用三) 등으로 구성된 열 개의 적문개현(迹門開顯)에 대하여 적문십묘(迹門十妙)를 대응하고 있는데, 이를 도시하면

다음과 같다.

破三顯一	智 妙
廢三顯一	說法妙
開三顯一	境 妙
會三顯一	行 妙
住一顯一	乘 妙
住三顯一	感應妙
住非三非一顯一	神通妙
覆三顯一	位 妙
住三用一	眷屬妙
住一用三	利益妙

　다음으로 본문(本門)의 개현(開顯)은 첫째 파적현본(破迹顯本) 둘째 폐적현본(廢迹顯本) 셋째 개적현본(開迹顯本) 넷째 회적현본(會迹顯本) 다섯째 주본현본(住本顯本) 여섯째 주적현본(住迹顯本) 일곱째 주비적비본현본(住非迹非本顯本) 여덟째 복적현본(覆迹顯本) 아홉째 주적용본(住迹用本) 열째 주본용적(住本用迹)이다. 그런데 여기서도 적문과 마찬가지로 "통틀어 본문에 따르면 하나하나의 묘 가운데 모두 열 가지 뜻을 갖춘다."고 함으로써 열 개의 본문개현(本門開顯)에 대하여 본문십묘(本門十妙)를 대응하고 있는데 이를 도시하면 다음과 같다.

破迹顯本	本因妙
廢迹顯本	本果妙
開迹顯本	本國土妙
會迹顯本	本說法妙
住本顯本	本感應妙
住迹顯本	本神通妙
住非迹非本顯本	本壽命妙
覆迹顯本	本眷屬妙
住迹用本	本涅槃妙
住本用迹	本利益妙

이와 같이 적문과 본문에서 각각 열 개의 개현(開顯)을 밝히고 있는데, 이것이 바로 법화의 역용(力用)으로서 개현(開顯)에 총설이라고 하겠다. 이에 대한 상세한 연구는 훗날로 미루도록 하겠다.

。진여(眞如)의 이치인 정인불성(正因佛性)과 진여(眞如)의 이치를 비추는 지혜인 요인불성(了因佛性)과 지혜를 도와 정인(正因)을 개발하는 연인불성(緣因佛性)이니, 삼인불성(三因佛性)이 일체 중생에게 바로 갖추어져 있기 때문이라고 한다.

◦ 마계(魔界)와 망견계(妄見界)가 곧 불계(佛界)이므로 개추현묘(開麤顯妙)이다. 묘한 진리(묘제妙諦)는 본래부터 있는 것이다.

◦ 이 법은 법의 위치(법위法位)에 머무르며 세간상(世間相)에도 항상 머무르니, 오직 나만이 이런 모습을 알며 시방 부처님도 그러한다.

부처님은 비록 이런 도리를 알고 계시면서도 이것을 애써 서둘러 설하려고 하지 않으셨다. 왜냐하면 만약 내가 불승(佛乘)만을 찬탄한다면 괴로움에 빠진 중생들은 법을 비방하고 믿지 않으므로 삼악도(三惡道)에 떨어질 것이다.

※ 사교(四敎) : (소승교, 점교, 돈교, 원교)

◦ 화엄(華嚴)은 원교(圓敎)에 별교(別敎)를 겸하고 있고 삼장(三藏)은 다만 장교(藏敎) 하나뿐이고 (경經·율律·론論 성문승 벽지불승 보살승)

◦ 방등(方等)은 사교(四敎)를 설하면서 대승(大乘)과 소승(小乘)을 상대하는 것이고 반야(般若)는 통교(通敎)와 별교(別敎)를 대동하여 바로 원교(圓敎)를 설한 것이

지만 법화경(法華經)은 오로지 무상도(無上道)이기 때문에 묘법(妙法)이라 부르는 것이다.

◦ **본문(本門)의 십묘(十妙)**

◦ 1. 본인묘(本因妙) 2. 본과묘(本果妙) 3. 본국토묘(本國土妙) 4. 본감응묘(本感應妙) 5. 본신통묘(本神通妙) 6. 본설법묘(本說法妙) 7. 본권속묘(本眷屬妙) 8. 본열반묘(本涅槃妙) 9. 본수명묘(本壽命妙) 10. 본이익묘(本利益妙)

◦ 선(善) 악(惡) 범부(凡夫) 성인(聖人) 보살(菩薩) 불(佛) 등(等)이 모두 법성(法性)을 벗어나지 않는다. 바른 실상(實相)을 가리켜 본체(本體)로 삼는 것이다,

◦ 처음에 실상행(實相行)을 닦는 것을 부처의 원인이라 하고 도량(道場)에서 얻는 것을 부처의 결과(불과佛果)라고 한다. 이것은 단지 지혜로 알 수 있을 뿐 말로써 자세히 나타낼 수 없다. 간략히 이와 같은 인과(因果)를 들어서 종요(宗要)로 삼을 뿐이다.

◦ 일대사인연(一大事因緣) : 명(名)

불지견(佛知見) : 체(體)

개시오입(開示悟入) : 종(宗)

중생(衆生)으로 하여금 : 용(用)

여타의 경전 다른 것 : 교(敎)

명체종용교(名體宗用敎)를 오중현의(五重玄義)라 한다.

◦ 묘법(妙法)은 사람과 멀지 않은데 사람이 묘법(妙法)을 알지 못하네. 묘법불원인(妙法不遠人) 인묘법부지(人妙法不知)

◦ 바다는 모든 것을 감싸는 덕(德)이니 만류가 도달하기 때문이고 동일한 짠 맛이기 때문인데, 법화경(法華經) 이와 같아 부처님께서 증득하신 만선동귀(萬善同歸)이니 불승(佛乘)을 탄다.

◦ 삼계(三界)에 다른 법은 없고 오직 일심(一心)이 지을 뿐이다. 마음은 지옥도 되고 천당도 되며 마음은 범부도 되고 성현(聖賢)도 되는 각관심(覺觀心)이 연어의 근본이다.

열고 닫는 것(개합開合)을 마음으로 관찰한다.

마음은 모든 법의 근본이니 마음은 곧 전체이다.

고심(苦心)이 곧 법신(法身)이니 이것이 마음의 본체요 (심체心體)

번뇌심(煩惱心)이 곧 반야(般若)이니, 이것이 마음의 종요(심종心宗)이다.

업심(業心)이 곧 해탈(解脫)이니 이것이 마음의 역용(심용心用)이다.

◦ 일체어언도단(一切語言道斷), 심행처멸(心行處滅), 불생불멸법(不生不滅法)은 열반(涅槃)과 같다.

법화경(法華經) 방편품(方便品)에서 말씀하시길,

그만 그만두어라. 다시 말하지 말라.

이 법은 미묘하여 생각하기 어렵다.

이 법은 보일 수 없으니 언사상적멸(言辭相寂滅)하니

말로써 베풀지 못하니 사량으로 분별하여

이해할 수 있는 것이 아니니라.

위의 말씀은 무작사제인 불생불멸(不生不滅)에 맞추어 설할 수 없는 것을 밝힌 것이니, 설할 수 없으므로 성인의 침묵이라 한다.

◦ 이제 방편문을 열어 진실상을 보이니, 오직 일대사

인연(一大事因緣)으로써 단지 무상도(無上道)만을 설하고 불지견을 열어서 구경실상(究竟實相)에 들어가게 한다. 화성(化城)을 건설한 것은 하나의 방편(方便)을 연 것이며, 화성(化城)을 없애버린 것은 추(麤)를 버리고 묘(妙)에 들게 함이니, 모두 보소(寶所)에 이르게 함이 즉 묘(妙)에 들어가는 것이다.

◦ 또 경전에 다만 부모로부터 받은 눈이란 곧 육안(肉眼)이고 안팎의 미루산을 꿰뚫어 본다 함은 곧 천안(天眼)이며 모든 사물을 깊이 보아서 물들거나 집착함이 없다 함은 곧 혜안(慧眼)이고 비록 아직 무루지를 갖추지 못했으나 그 눈이 청정하다 함 또한 이와 같다. 하나의 눈으로 여러 눈의 공능(共能)을 갖춘 것은 곧 불안(佛眼)이다. 법화경(法華經)이 중생묘법(衆生法妙)이다.

◦ 그만 그만두어라. 다시 말하지 말아라. 내 법은 묘(妙)하여 생각하기 어렵다고 함이 불법묘(佛法妙)라 한다. 불법은 권(權)과 실(實)을 벗어나지 않는다.

이 법은 아주 깊고 미묘하여 보기도 어렵고 요달하기도 어렵다. 일체 중생이 부처님을 알 수 없는 것이니, 이는 곧 참된 지혜(실지實智) 묘(妙)이다.

오직 부처님과 부처님만이 제법실상(諸法實相)을 궁구

하여 다한다 함은 불법(佛法)의 묘(妙)이다.

◦ 보현관경에서 내 마음이 그대로 공(空)하므로 죄와 복도 공(空)하여 주체가 없다. 마음을 비추어 보아도 마음이라 할 것도 없고 법도 법이라 하여 어떤 것에 머무르지 않는다.

또 마음 그대로가 법이다. 심즉시법(心卽是法) 심즉시불(心卽是佛)

모든 부처님의 해탈은 중생의 심행(心行) 가운데서 구해야 한다.

화엄경에서 마음과 부처와 중생 이 셋이 차별이 없다. 마음의 티끌(심미진心微塵)을 타파하면 대천세계의 경전이 나온다.

이것이 심법묘(心法妙)이다.

천태대사(天台大師)의 삼전독문(三轉讀文) 십여시(十如是)

① 시상여(是相如) = 이 모습이 같다. 시성여(是性如) = 이 성질이 같다.   **즉가(卽假)**

② 여시상(如是相) = 이와 같은 모습 여시성(如是性)

= 이와 같은 성질   즉공(卽空)

③ 상여시(相如是) = 모습이 이와 같다. 성여시(性如是) = 성질이 이와 같다.   즉중(卽中)

◦ 법화경은 뭇 경을 총괄하여 여기에서 궁극을 이룬다.

부처님의 출세본의(出世本意)이고 모든 교법(敎法)의 뜻이 돌아가는 직귀(直歸)이다.

◦ 수량품(壽量品)의 비여비이(非如非異)는 즉 중도(中道)이다. 같음(如)은 즉 진제이고 다름(異)은 속제이다.

◦ 지금까지 살아온 것도 나였고

앞으로 살아갈 것도 나이다.

어제의 내가 오늘의 나이다.

◦ 만약 추(麤)를 열어서 묘(妙)를 드러내면 모든 방편의 진리가 이미 원융하게 묘한 진리다. 개추현묘(開麤顯妙)

온갖 물이 바다로 들어가면 한 가지 짠맛을 이룸과

같다.

추를 열어서 묘에 들어가니 즉 이것이 대승(大乘)이다.

일체가 도무지 묘(妙)하여 실상 아님이 없다. 큰 수레의 수가 한량없다는 것은 법화경의 삼승(三乘)을 일승(一乘)으로 인도함이니 곧 절대묘(絶待妙)이다.

◦ 일체 법의 한 가지 모습(일상一相)

일상무상(一相無相) 한 가지 모습은 모습이 없다.
무상불상(無相不相) 모습이 없으므로 모습이 아니다.
불상무상(不相無相) 모습이 아니므로 모습이 없다.
명위실상(名爲實相) 이름하여 실상이라 한다.

(무량의경)

◦ 괴로움의 원인은 마음에 말미암이지만 마음이 허깨비 같다면 일어나는 바의 괴로움도 허깨비와 같고 일체 애견이 허공과 같다고 아는 것, 이것을 집제(集諦)의 지혜라고 이름한다.

괴로움의 소멸의 길은 본래 괴로움의 원인을 다스린다. 다스려지는 것이 허깨비 같다면 다스리는 것도 허깨비와 같다. 이것이 도제(道諦)의 지혜라고 이름한다.

법에 만약 생(生)이 있다면 또 멸(滅)도 있을 수 있다. 그러나 법에는 본래 생이 없으니, 지금 멸하지도 않는다. 만약 열반보다 뛰어난 하나의 법이 있다면 나는 또 허깨비와 같다고 말한다. 이것이 멸제(滅諦)의 지혜라고 이름한다.

◦ 대품반야경에서 이르시되, 일체종지(一切種智)는 곧 적멸상(寂滅相)이니, 갖가지 수행의 종류와 모양을 모두 아는 것을 일체종지(一切種智)라 이름한다.

적멸상(寂滅相)은 온갖 차별의 모습을 버려 차별의 모습이 없는 것이고 수행의 종류와 모양을 모두 아는 것은 함께 흐르고 함께 비추는 것이다.

무심으로 모든 차별의 모습을 버리고 비추어 조작함이 없이 자연스럽게 고요히 알기 때문에 불가사의라고 이름한다. 이것이 무작사제(無作四諦)의 지혜이다.

◦ 묘법불원인(妙法不遠人) 인묘법부지(人妙法不知)

묘법은 사람과 멀지 않은데

사람이 묘법을 알지 못하네.

◦ 열반경에서 이르시되, 만약 어떤 사람이 무엇이 모든 선근의 근본인가 물으면, 자심(自心)이 이것이라고 말해야 한다고 한다.

자심이 이미 수행(修行)의 근본이기 때문에 범행(梵行)이라고 말한다. 만약 원교에 의거해서 말하면 또한 열반경과 같이 자심(自心)이 곧 여래(如來)이고 자심(自心)이 곧 불성(佛性)이다.

자심(自心)이 만약 부처님의 십력(十力) 사무소외(四無所畏) 삼십이상(三十二相)을 갖추지 않았다면 이것은 성문의 자심(自心)이고, 만약 구족하면 이것은 여래(如來)의 자심(自心)이다. 이 자심(自心)은 곧 큰 법이 모인 것이고 이 자심은 곧 대열반(大涅槃)이다.

자심(自心)은 힘은 크고 깊어서 일체의 복덕장엄(福德莊嚴)을 구족(具足)한다. 그러므로 범행(梵行)이라 한다.

◦ 약초유품에 의거한 여섯 계위

① 소품약초 : 전륜성왕 제석천왕 범천 ② 중품약초 : 벽지불 성문 ③ 상품약초 : 장교(藏敎)보살 ④ 작은 나무 : 통교(通敎)보살 ⑤ 큰 나무 : 별교(別敎)보살 ⑥ 가장 진실한 것 : 원교(圓敎) 보살 계위

◦ 원교(圓敎)의 계위

개시오입(開示悟入)의 불지견(佛知見)은 부처님의 일체종지(一切種智)로 아는 것이고 불안(佛眼)으로 보는 것이다.

　여래실(如來室) 여래의(如來衣) 여래좌(如來座)는 이것이 이름(명名)과 뜻(의義)이 모두 원만한 것으로 원교(圓教)의 계위를 판별한 것이다.

　◦ 청정원만(清淨圓滿) 보리지심(菩提之心)

　청정원만 보리심으로

　무연자비(無緣慈悲) 무작서원(無作誓願)

　무연 자비심을 베풀고 짓지 않은 서원으로

　일념차중(一念此中) 일체만행(一切萬行)

　일념 가운데 일체 만행을 하고

　제바라밀(諸波羅蜜) 원만성취(圓滿成就)

　모든 바라밀을 원만 성취하여

　일체종지(一切種智) 속성증득(速成證得)

　일체종지를 속히 증득하여

　법계일체(法界一切) 중생도탈(衆生度脫)

　법계 일체 중생을 제도 해탈케 하리.

　◦ 초발심즉필경(初發心卽畢竟)

　열반경(涅槃經) 왈(曰)

　달의 성품(월성月性)은 항상 원만하여 실로 증감이 없으나 수미산(須彌山)으로 말미암아 차고 이지러짐이 있을 뿐이다.

법신(法身)도 이와 같다. 실제로는 지덕(智德)과 단덕(斷德)이 없지만 무명(無明)으로 말미암는 까닭에 진여(眞如)에 의거하여 지혜를 논하면 진여는 실제로 지혜가 아니다.

◦ 불지(佛知)라고 함은 일체종지(一切種智)를 얻는 것이고 불견(佛見)이라고 함은 불안(佛眼)을 얻는 것이다. 사불지견(四佛知見)

◦ 비유품의 직지도량(直至道場)은 곧 실상(實相)을 다 궁구한 묘각(妙覺)의 계위이다. (승차보승乘此寶乘 직지도량直至道場)

◦ 열반경(涅槃經) 왈(曰), 열(涅)을 불생(不生)이라 하고 반(槃)을 불멸(不滅)이라 하며 불생불멸(不生不滅)을 대열반(大涅槃)이라 한다. 또 복인(伏忍)이라고도 한다.

◦ 등각지(等覺地)는 묘각(妙覺)에 대하여 인(因)이 되고 십지(十地, 法雲地)에 대하여서는 결과(決果)가 된다.

◦ 불심(佛心) 가운데는 무명(無明)이 없고 오직 불법(佛法)의 왕(王)만이 구경의 왕삼매(王三昧)에 머문다.

비로자나 법신(法身)은 횡으로 법계(法界)에 두루하고 종으로 보리(菩提)를 극하니, 큰 공이 원만하고 뛰어난 역용을 구족한다.

◦ 별교(別敎)는 방편문(方便門)을 좇아 꾸불꾸불한 작은 길로 멀리 돌아가고 이로 말미암아 졸렬하므로 추(麤)한 것이 된다.

원교(圓敎)는 곧은(直) 문이므로 묘(妙)가 된다.

원교(圓敎)의 계위는 처음부터 나중에 이르기까지 모두 진실한 교설(敎說)로서 모두 다 묘(妙)가 된다.

설산(雪山)에 인욕초(忍辱草)가 있는데 소(牛)가 만약 먹으면 제호(醍醐)를 얻는다고 한다. 원교(圓敎)도 이와 같아 방편교(方便敎)를 거치지 않고 중도(中道)의 지혜를 얻는다. 유(乳) 낙(酪) 생소(生蘇) 숙소(熟蘇) 등 사미(四味)를 거치지 않고 제호(醍醐)를 바로 얻는 것과 같이 원교는 방편교(方便敎)를 거치지 않고 불성(佛性)을 회복한다.

◦ 진성궤(眞性軌)가 나타남을 법신(法身)이라 이름하고, 관조궤(觀照軌)가 나타남을 반야(般若)라 이름하며, 자성궤(資成軌)가 나타남을 해탈(解脫)이라 이름한다.

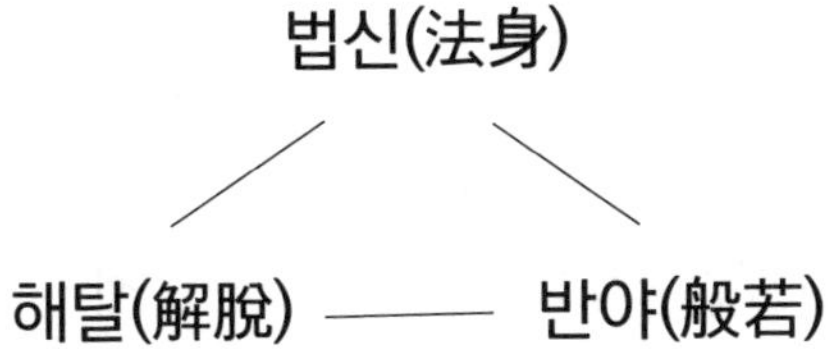

。 실상을 가리켜 여래장(如來藏)이라 하므로 온갖 보배로 치장하고 또 많은 시종꾼이 이를 모셔 호위한다고 한다.

실상(實相)을 가리켜 제일의공(第一義空)이라 하므로 살찌고 씩씩하고 힘이 쎄고 크고 흰 소가 걸음이 고르고 빠르기가 바람과 같다고 한다. 지혜(智慧)에 물듦이 없음을 희(白)다 하고 번뇌(惑)를 부숨을 힘이 세다고 하며 중도(中道)의 지혜를 고르다(平正)고 하고 무공용(無功用)에 들어가므로 빠르기가 바람과 같다(기질여풍 其疾如風)고 한다.

。 일체무애인(一切無礙人)은 한 길로 생사(生死)를 벗어난다. 시방 세계를 살펴보아도 다시 다른 수레는 없고 오직 일불승(一佛乘)뿐이다. 그러므로 묘(妙)이다.

。 삼인불성(三因佛性)을 유통하면

진성궤(眞性軌) : 정인불성(正因佛性),

관조궤(觀照軌) : 요인불성(了因佛性),

자성궤(資成軌) : 연인불성(緣因佛性)

비유품에서 너는 진실로 나의 아들이요 나는 진실로 너 아비다. 정인불성(正因佛性)이요, 나는 옛날에 너에게 무상도를 가르쳤기 때문에 일체의 지혜와 서원이 아직도 없어지지 않고 남아 있다. 요인불성(了因佛性)이며, 서원은 곧 연인불성(緣因佛性)이다.

◦ 나는 감히 여러분을 가벼이 여기지 않노니 여러분은 모두 성불할 것입니다 함은 곧 정인불성(正因佛性)이고, 사부대중이 여러 경을 독송한다 함은 요인불성(了因佛性)이며, 모든 공덕을 닦음은 곧 연인불성(緣因佛性)이다.

그만두어라 그만두어라 모름지기 말하지 않으리니, 내 법은 미묘하여 사유하기 어렵다. 이 법은 보일 수 없으니 언사상적멸(言辭相寂滅)이기 때문이니라고 함은 곧 실상반야(實相般若)이다.

나는 항상 중생이 도를 행하고 행하지 않음을 알아 그에 따라 제도할 바에 응하여 가지가지 법을 설하니, 약간의 언사와 근기 따라 적절한 대응과 방편이다 라고 함은 곧 문자반야(文字般若)이다.

◦ 여래의 지견은 광대심원하다 함은 곧 실상반야(實

相般若)이다.

◦ 여래의 지견을 광대심원하다고 칭함은 곧 관조반야(觀照般若)이다.

◦ 또 방편과 지견을 모두 구족한다고 함은 곧 문자반야(文字般若)이다.

◦ 삼계에서 보는 삼계와 같지 않다 함은 곧 실상보리(實相菩提)

내가 진실로 성불하여 옴이 한량없고 가이 없는 백천만억 나유타 겁이니라 함은 곧 실지보리(實智菩提)이다.

나는 젊어서 출가하여 가야성 가기가 멀지 않은 곳에서 아뇩다라삼먁삼보리를 얻었다 함은 방편보리(方便菩提)이다.

◦ 진성궤(眞性軌)는 곧 실상보리(實相菩提)이고 : 진여실상(眞如實相) 본체

관조궤(觀照軌)는 곧 실지보리(實智菩提)이며 : 범부의 미정(迷情)을 없애고 진리를 나타내는 지혜의 작용

자성궤(資成軌)는 곧 방편보리(方便菩提)이다. : 지혜

로써 진리를 개현(開顯)하는 수행

 ◦ 만약 내가 중생을 만나면 불도로써 다 가르치리라고 함은 실상보리(實相菩提)

 이 보배 수레를 타고 곧바로 도량에 이른다고 함은 곧 수행하여 이루는 실지보리(實智菩提)이다.

 팔상성도(八相成道)를 보임은 곧 방편보리(方便菩提)이다.

 신금광명경에서 이르시되, 부처님의 진실한 법신(法身)은 마치 허공과 같아서 사물에 응하여 모습(相)을 나타냄이 물속의 달과 같다고 하니, 보신(報身)은 곧 하늘의 달이다.

 방편품(方便品)에 부처님 스스로 대승(大乘)에 머무신다고 함은 곧 실상(實相)의 몸으로 허공과 같고 선정과 지혜의 힘(정혜력定慧力)으로써 장엄한다.

 ◦ 오직 부처님과 부처님만이 곧 제법실상(諸法實相)을 다 궁구한다고 함은 법신(法身)

 내가 얻은 지혜는 가장 미묘하여 제일이라고 함은 보신(報身)이다.

명칭을 두루 듣는다고 함은 곧 응신(應身)이다.

여래수량품에서 혹은 자기 몸을 보인다고 함은 법신(法身)과 보신(報身)이다. 혹은 타의 몸을 보인다고 함은 보신(報身)과 응신(應身)이다.

◦ 삼열반(三涅槃) : 성정(性淨) 방편정(方便淨) 원정(圓淨)

◦ 실상(實相)을 성정열반(性淨涅槃)이라 이름하고

◦ 원인을 닦아 이루는 것을 원정열반(圓淨涅槃)이라 하며

◦ 섶이 다해 불꺼진다 함은 방편정열반(方便淨涅槃)이다.

방편품에서 이 법은 보일 수 없으니 언사상적멸(言辭相寂滅)하다.

제법적멸상(諸法寂滅相)이라고 함은 성정열반(性淨涅槃)이다.

모두 여래의 멸도로써 멸도(滅度)한다 함은 곧 원정열반(圓淨涅槃)이다.

또 내가 성불한 지는 진실로 아주 오래되었다. 오랫

동안 업을 닦아 얻은 지혜의 빛을 비춤이 무량하다고 함은 원정열반(圓淨涅槃)이다.

섶이 다해 불꺼진 듯하다 함은 곧 방편정열반(方便淨涅槃)이다.

법화경은 무량한 경전을 일불승(一佛乘)의 하나로 모으니 이것은 곧 방편을 열어 진실을 드러내는 것으로서 다만 추(麤)한 것이 묘(妙)한 것이다. 본래 하나의 이치(실상實相)를 드러내기 위해 한량없는 방편을 지으면 방편이 곧 진실이기 때문이다.

모든 부처님 세존께서는 오직 일대사인연으로 세상에 출현하시기 때문이니라.

삼인불성(三因佛性)

◦ 상불경보살이 나는 감히 그대들을 가벼이 여기지 않노니 그대들은 모두 마땅히 성불할 것이니라고 함은 정인불성(正因佛性)이고

◦ 부처님 멸도한 후에 만일 한 구절이라도 받아지니면 불도를 이룰 수 있나니, 이는 곧 요인불성(了因佛性)이며

◦ 머리 약간 숙이고 손 한 번 드는 것과 같은 사소

한 행위도 모두 불도를 이룬다고 함은 연인불성(緣因佛性)이다.

만약 중생에게 불성이 없다면 불도로써 가르치는 것은 그 잘못이 곧 부처님께 있고 만약 중생에게 모두 불성이 있다면 미혹하여 가르침을 받지 않고 수행을 하지 않는 그 잘못이 중생에게 있다.

지금의 법화경에서는 한결같이 모두 널리 부처가 될 수 있다. 만약 법화경에서 불성을 깨닫지 못한다면 또 무슨 법으로 부처가 되리오. 만약 중생에게 불성이 없다면 부처님과 옛날에 연을 맺었어도 불도로써 가르칠 수가 없을 것이니, 불성이 모두 있으므로 성불수기가 내려진 것이다.

경에서 이르시기를, 만약 내가 중생을 만나면 모두 불도로써 가르치리라 하심은 곧 일체 중생이 모두 불성을 함장하고 있음을 의미한다.

일체중생(一切衆生) 실유불성(悉有佛性)

◦ 아(我)는 곧 불성(佛性)이고, 불성(佛性)은 곧 중도(中道)이다.

인연으로 생긴 법은 일색일향(一色一香)도 중도(中道) 아닌 것이 없다.

범부(凡夫)에서 성인(聖人)에 이르기까지 모두 다 곧 중도(中道) 제일의제(第一義諦)인 것이다.

실상(實相)이 아닌 것은 없으므로 차별이 있으면서 차별이 없다고 하는 것이다.

∘ 법화경 촉루품에서

만약 중생이 믿지 않는다면 나머지 깊은 법 가운데서 가르쳐 보여 이롭고 기쁘게 해야 한다고 함은 나머지란 방편(方便)을 대동한 것이요 깊은 법이란 중도(中道)를 밝히신 것이다. 방편(方便)을 대동하고 중도(中道)를 밝히는 것은 별교(別敎)이다.

만약 방편(方便)으로 중도(中道)를 밝히지 못한다면 곧 통교(通敎)나 장교(藏敎) 등이다.

∘ 근본(本)과 자취(迹)를 해석하면 근본이란 이치(진리)의 근본이니 곧 실상(實相)은 하나의 구경도(究竟道)이고 자취란 제법실상을 제외한 그 나머지 여러 가지 법을 자취(迹)라고 한다.

본불(本佛)은 근본(體)이고 옛적에 최초로 수행하여 이치(理)에 계합하였으므로 법신(法身)을 증득한 것을 근본이라 한다. 처음 법신(法身)의 근본을 얻음으로써 본체에 즉(卽)하여 응신(應身)의 역용(逆用)을 일으킨다.

◦ 응신(應身)으로 말미암아 법신(法身)을 드러낸 것이니 근본인 법신(法身)과 자취인 응신(應身)이 비록 다를지라도 부사의(不思議)하여 하나이다. 나는 성불한 이래로 매우 오래된 것이 이와 같지마는 단지 방편으로써 중생을 교화하기 위해서 멸도함을 보인다.

연화의 비유

◦ 연화가 생기기 위해서는 반드시 진흙탕이 필요한 것이니 생사(生死)에서 일어나는 것을 비유하여 해석한 것이다.

◦ 연화는 상서로운 것이니, 보는 자가 환희하는 것은 보는 자가 성불하는 것을 비유한 것이다.

◦ 연화가 희미한 것으로부터 뚜렷해지니, 한 순간 모두 부처가 될 수 있는 것에 비유한 것이다.

◦ 연화는 반드시 갖추는 것이니, 인과(因果)도 역시 갖추는 것을 비유한 것이다.

◦ 연꽃에 반드시 연실(蓮實)이 있는 것은 원인이 반드시 부처가 되는 것을 비유한 것이다.

◦ 연화는 연화세계로 들어오는 것을 비유한 것이다.

◦ 연화는 부처가 실천한 것이니, 뭇 성인이 의탁하여 생기는 것을 비유한 것이다.

◦ 연화가 진흙에서 생겨도 진흙에 더러워지지 않는

것은 일승(一乘)이 삼승(三乘) 가운데 있으면서 삼승이 일승을 오염시키지 않는 것을 비유한 것이다.

◦ 연화가 세 때마다 모양을 달리하는 것은 삼승(三乘)을 열지만 단지 일승(一乘)임을 비유한 것이다.

◦ 연화가 열고 닫는 것이 있는 것은 인연에 대하여 숨는 것이 있고 드러나는 것이 있는 것을 비유한 것이다.

◦ 연화가 모든 꽃 중에서 가장 수승한 것이니, 모든 설법 가운데서 제일인 것을 비유한 것이다.

◦ 연꽃이 피고 열매를 드러내는 것은 교묘하게 말씀하여 진리를 드러내는 것을 비유한 것이다.

연화의 행을 닦음으로 해서 연화국토를 과보로 얻는다. 오직 일불승으로써 곧 바로 도량에 이른다고 함이 곧 연화행으로 인해서 불도를 이룸을 의미한다.

항하사 불법을 설하심이 곧 일불승으로 인도하시고자 함이니, 제불의 출세의 근본이요 본의이시다.

만약 묘법연화가 아니라면 무엇으로 무상도를 얻으리오. 때문에 묘법연화경이라 한 것이다.

모든 부처님 세존께서 연화를 실천 수행하시고 성불하시고 또 연화로 모든 중생을 제도하여 불도를 이루게 하심이라.

(천태대사 법화현의 참고)

◦ 대열반을 상락아정(常樂我淨)이라 이름하니 곧 원교(圓教)의 열반의 모습이다. 대반열반은 상주(常住)로써 종요(宗要)를 삼는다. 수많은 생(生)을 나타내고 또 멸(滅)함을 나타낸다.

생사(生死)가 곧 열반(涅槃)이다.

여래는 비록 진실로 멸도하지 아니하나 그러나 멸도한다고 말하느니라.

◦ 실상(實相)의 본체(本體)는 단지 한 법이지만 부처님은 여러 가지 이름으로 말씀하시는 것이다.

묘유(妙有), 진선묘색(眞善妙色), 실제(實諦), 필경공(畢竟空), 여여(如如), 열반(涅槃), 허공불성(虛空佛性), 여래장(如來藏), 중실리심, 비유비무중도(非有非無中道), 제일의제(第一義諦), 미묘적멸(微妙寂滅)

이러한 다른 모든 명칭이 모두 실상(實相)의 다른 호칭이고 실상의 모든 명칭의 다른 호칭이다.

◦ 실상(實相)의 모습은 모습으로서 모습이 아님이 없고 모습으로서 모습이 없음이 아니니, 실상이라 한다. 이것은 진실을 파괴할 수 없기에 명칭(名)을 얻은 것이

다.

이 실상은 모든 부처님께서 얻은 법이므로 묘유(妙有)라고 부르는 것이다.

묘유(妙有)는 비록 볼 수 없어도 모든 부처님은 볼 수 있으므로 진선묘색(眞善妙色)이라고 부르는 것이다.

실상(實相)은 두 측면의 유(有)가 아니므로 필경공(畢竟空)이라고 하는 것이다.

공한 이치가 담연하여 하나도 아니고 다른 것도 아니기에 여여(如如)라고 하는 것이다.

실상(實相)은 적멸(寂滅)하므로 열반(涅槃)이라고 하는 것이다.

깨달아 아는 것이 바뀌지 않으므로 허공불성(虛空佛性)이라고 하는 것이다.

함장함이 많기 때문에 여래장(如來藏)이라고 한다.

적정(寂淨)하면서 비추고 신령하게 알므로 중실리심이라고 하는 것이다.

유(有)에도 의지하지 않고 무(無)에도 의지하지 않으므로 중도(中道)라고 하는 것이다.

허물이 있을 수 없으므로 제일의제(第一義諦)라고 하는 것이다.

이와 같이 여러 가지 다른 명칭이 모두 실상(實相)이

다.

만약 여법(如法)하게 관찰한다면 부처님과 반야(般若)와 열반(涅槃)의 셋은 하나의 모습이다.

◦ 실상(實相)은 그윽하고 미묘(微妙)하여 그 이치가 깊고 깊다.

마치 절벽에 오르려면 반드시 사다리를 가설해야 하는 것과 같이 진실의 근원에 계합하려고 한다면 반드시 교행(敎行)에 말미암아야 한다.

이른바 일체는 진실함과, 일체는 진실하지 않음과, 진실하기도 하고 진실하지 않기도 함과, 일체는 진실이 아니고 진실하지 아닌 것도 아닌 것이니,

이와 같은 것들을 모두 제법실상(諸法實相)이라고 한다.

마땅히 알라. 위의 넷은 실상으로 들어가는 문일 따름이다.

◦ 원교(圓敎)의 융섭

원교의 회통은 법(法)에 집착하는 모든 범부(凡夫)의 무리를 회통한다.

법화경 상불경보살품에서 너희들 모두 부처가 되리

니, 나는 감히 너희들을 가볍게 여기지 않노라.

오역죄인 제바달다도 또한 성불수기를 받았고 8세 용녀도 돈초 성불하는데 하물며 이승(二乘)과 보살 등이겠는가.

법사공덕품에서 세간의 생업과 영위하는 산업도 모두 실상과 서로 위배되지 않는다고 하는 것은 곧 일체 악법을 회통하는 것이다.

약초유품에서 너희들이 행하는 바가 보살도이다.

비유품에서 너는 나의 아들이고 나는 너의 애비다고 하니 아공(我空) 법공(法空)으로서 회통되지 않음이 없다.

모두 묘법(妙法)에 융섭되는 것은 곧 원교문의 융섭이다.

모든 하천의 물이 바다에 모여들 듯 온갖 법이 진실법에 회입됨을 알아라. 법화경은 모름지기 방편(方便)의 문을 열어서 원교(圓敎)의 진실한 모습을 보이는 것이다. 개권현묘(開權顯妙)

만약 이 법을 듣는 자가 있으면 성불 못함이 하나도 없으리라. 이 법화경은 일체 중생을 융섭하여 불도로 인도함이니라.

∘ 생사즉열반(生死卽涅槃)이라고 관찰하기 때문에 해

탈(解脫)을 증득하고 번뇌즉보리(煩惱卽菩提)이기 때문
에 반야(般若)를 증득한다. 이것이 둘이면서 둘이 아니
고 법신(法身)을 증득하여 일신(一身)이 무량신(無量身)
이다.

법화경의 본체

금불방광명(今佛放光明) 조발실상의(助發實相義)
서품에서 지금 부처님께서 광명을 비추시어 실상(實相)의 뜻을 도와 밝히시고자 한다.

제법실상의(諸法實相義) 이위여등설(已爲汝等說)
제법실상의 뜻을 이미 너희들을 위해 설하였다.

유이일대사인연고(唯以一大事因緣故) 출현어세(出現於世)
방편품에서 모든 부처님께서는 오직 일대사인연으로 세상에 출현하신다.

불지지견(佛之知見) 개시오입(開示悟入) 단설무상도(但說無上道)
불지견을 열어 보이고 깨닫게 하여 들게 한다. 다만 무상도를 설하노라. 실상인(實相印) 등이다.

승차보승(乘此寶乘) 직지도량(直至道場)
비유품에서 보배수레를 타고 곧 도량에 이른다.

금법왕대보(今法王大寶) 자연이지(自然而至)
신해품에서 이제 법왕의 큰 보배가 저절로 이르렀다.

금위여등(今爲汝等) 설최실사(說最實事)
이제 너희들을 위하여 가장 진실된 일을 설하노라.

지진보처(至珍寶處)
화성유품에서 보배장소라 이름하고

무가보주(無價寶珠) 계기의리(繫其衣裏)
오백제자수기품에서 보배구슬 달아줌이라 이름하고

평등대혜(平等大慧)
견보탑품에서 평등대혜(平等大慧)라 이름하고
안락행품에서 실상(實相)이라 이름하며,

비실비허(非實非虛) 비여비이(非如非異) 불여삼계(不如三界) 견어삼계(見於三界)
여래수량품에서 진실도 아니고 허망함도 아니며, 같지도 않고 다르지도 않으며, 삼계에서 보는 삼계와 같지 않느니라.

여래신력품에서 비밀지장(祕密之藏)이라 하고

묘음보살품에서 현일체색신삼매(現一切色身三昧)라 이름하고

관세음보살보문품에서 보문시현(普門示現)이라 이름하며,

보현보살권발품에서 식중덕본(植衆德本)이라 이름한다.

진리의 극은 진실이고 진실로써 모습을 삼기 때문에 실상(實相)이라 이름한다. 적멸상(寂滅相)

∘ 세간의 모습에도 상주(常住)한다.

또 무량 아승지 겁에 수명은 무량하고 상주불멸(常住不滅)한다.

가야성의 수명과 여러 가지 모습을 나타내는 것은 응신불(應身佛)의 수명이고, 무량 아승지의 수명은 보신불(報身佛)의 수명이고, 상주불멸(常住不滅)의 수명은 법신불(法身佛)의 수명이다.

삼신불(三身佛)이 완연하니 상주(常住)의 뜻이 분명하다.

삼종(三種)의 보리(菩提)를 나타내니

。가야성 가기가 멀지 않은 도량에 앉아 삼보리를 얻은 것은 응화신(應化身)이고, 내가 진실로 성불한 지가 무량무변 백천만억 나유타 겁이니라 함은 보신(報身)이며, 여래는 여실하게 삼계(三界)의 모습을 보니 삼계의 중생이 삼계를 보는 것과 같지 않다 함이 법신(法身)이시다.

。중생계(衆生界)가 곧 불계(佛界)인 것과 같으니, 중생계(衆生界)가 곧 여래장(如來藏)이다.

。너희들이 행하는 바는 보살도이니라.

이는 이전 모든 행이 보살도란 뜻이니, 법(法)과 합치되는 것이고 너희들은 진실로 나의 아들이라 함은 수행과 합치되는 것이다.

녹야원에서 초전법륜에서부터 영산회상에서 법화경에 이르러서야 비로소 방편이 진실교와 합치될 수 있게 된 것이다.

。훌륭한 양의(良醫)에게는 하나의 비밀스런 처방이 있어서 열두 가지 약을 갖추었으니 그 중에서도 세 가지가 가장 귀하다. 병상에 따라 적절하게 판단하여 동떨어지게 잘못 치료한 바가 없다. 열두 가지 약이란 십이부경(十二部經)이고 세 가지 귀한 것은 무문자설(無問自說), 방광(放光), 수기(授記)가 가장 깊다.

◦ 길을 잃어버린 그대에게

사람이 살다보면 자신이 가야 할 길을 잃어버리는 경우가 종종 있다. 길을 잃어버린 사람은 자신이 가야 할 목적지를 잃어버린 것이니 뜻한 바 목적지에 도달할 수가 없다.

어떤 수험생이 자신이 도전하는 시험에 떨어졌다. 이때 그의 부모가 네가 시험에 떨어진 것을 축하한다고 했다 한다. 시험에 실패한 것에 의해 더 노력하고 더 겸손하고 더 공부하여 다시 도전하는 정신을 갖도록 하는 부모의 배려일 것이다.

자신이 도전하는 일이 단번에 이루어질 경우에 오만하고 우쭐하고 자만심을 갖게 될 수 있다. 그래서 실패는 성공의 어머니라 했다.

목적지를 향하여 곧잘 가다가 어떤 난간에 부닥쳐서 그냥 포기한다면 세상에서 성공할 일이 아무것도 없다. 끝없이 노력하고 도전해야 한다.

사람이 극복 못할 고난은 없다. 쉽게 얻은 것은 쉽게 잃는다. 씨를 뿌리지 않고 곡식을 얻을 수 없다.

사람마다 가는 길이 다르지만 그러나 누구나 공통적으로 행해야 할 일은 제악막자(諸惡莫作) 중선봉행(衆善奉行)이다. 모든 악을 짓지 말고 여러 가지 선을 행할 때 자신이 가야 할 길이 가볍고 즐겁고 유쾌한 것이다. 자신이 가야 할 목적지가 보이고 인생의 정답이

여기에 있다. 인생의 정답은 오로지 자신에게 있다.

부처님께서는 길을 잃고 방황하는 사람의 길라잡이요 이정표이시다.

허깨비 같은 육신이 하고자 하는 대로 따라가면 길을 잃게 마련이다. 육신이 하고자 하는 대로 끌려가면 곧 수렁에 빠지게 된다.

이 육신을 법기(法器)로 쓸지언정 시종이 되지 말아야 한다. 한평생 육신의 시종이 되어 끌려가면 목적지를 잃게 된다. 육신을 잘 굴리면 대성인이 살고 있는 거룩한 도량이 되고 잘못 굴리면 마군이 살고 있는 소굴이 된다.

고난을 겪지 않고 성공한 사람은 별로 없다. 만약 있다면 성공의 성(城)은 서서히 무너질 것이다. 끈질긴 도전정신과 고난을 겪고 얻은 성공은 무너지지 않는다.

곡식을 얻고자 한다면 씨를 뿌려야 하고, 부자가 되고자 한다면 보시행을 해야 하고, 도를 이루고자 한다면 정수범행(淨修梵行)을 닦아야 하며, 생사해탈을 얻고자 한다면 모든 집착을 여의어야 하고, 지혜를 얻고자 한다면 학문을 배우고 경전을 연마해야 하고, 덕있는 부모를 얻고자 한다면 효행을 해야 하고, 긴 수명을 얻고자 한다면 생명을 살려야 한다. 이렇게 함이 곧 인생의 정답이요 명답이다.

악인악과(惡因惡果)요 선인선과(善因善果)이다.

자신이 얻고자 하는 것을 얻을 때 방일하고 나태하고 오만함이 생기는 것을 그대로 두면 얻은 것을 서서히 잃게 될 것이다. 쉽게 얻은 것은 쉽게 잃는 경우가 있다.

로또복권 7억원에 당첨된 사람이 5년만에 당첨금을 다 탕진하고 끝내 자살했다는 보도가 있었다.

부처님의 가르침에는 몇 가지 길이 있다.

첫째, 모든 고통에서 벗어나는 길

둘째, 생사의 강을 건너게 하는 길

셋째, 열반성에 이르는 길이요,

넷째는 남을 이롭게 하는 길이다.

우리들이 반드시 가야 할 길이요, 목적지이다.

모든 고통에서 벗어나고 생사의 강을 건너 열반성에 이르렀다면, 인생의 최종 목적지가 된다.

세상 부귀영화는 꿈과 같고 환상과 같고 물거품과 같고 아지랑이와 같아 얻었다 해도 금방 무너지고 만다.

그러나 정수범행을 닦아 이룬 도는 무너짐이 없고 누가 빼앗아 갈 수 없다.

목적지를 잃어버리면 결코 성공할 수 없다.

이때는 지혜있는 눈밝은 선지식의 안내를 받아야 한다.

불광불급(不狂不及)이라, 미치지 않고는 뜻한 바에 도달할 수 없다는 말씀이다. 꿈이 없는 사람은 성공할 수 없다.

우리가 깨달아야 할 구경지가 바로 자아(自我)이다. 스스로 열반상이다. 이 구경지에 도달하고자 한다면, 묘법연화경을 정진수행하면 곧 구경지를 얻을 수 있을 것이다.

묘법연화경(妙法蓮華經) 현의(玄義) 삼(三)

천태대사(天台大師)

십지보살(十地菩薩) 계위(階位)

1. 환희지(歡喜地) 2. 이구지(離垢地) 3. 발광지(發光地)
4. 염혜지(焰慧地) 5. 난승지(難勝地) 6. 현전지(現前地)
7. 원행지(遠行地) 8. 부동지(不動地) 9. 선혜지(善慧地)
10. 법운지(法雲地)

1. 환희지(歡喜地) : 처음으로 중도지(中道智)를 내어
불성(佛性)을 이치적으로 보고 견혹(見惑)을 끊으며 능
히 자리이타행(自利利他行)을 하여 희열(喜悅)이 가득한
지위

2. 이구지(離垢地) : 수혹(修惑)을 끊어 계(戒)를 범
(犯)하지 않고 몸을 깨끗하게 하는 지위

3. 발광지(發光地) : 수혹(修惑)을 끊어 지혜의 광명이
나타나는 지위

4. 염혜지(焰慧地) : 수혹(修惑)을 끊어 지혜가 더욱 치성하는 지위

5. 난승지(難勝地) : 수혹(修惑)을 끊고 진지(眞智) 속지(俗智)를 조화하는 지위

6. 현전지(現前地) : 수혹(修惑)을 끊고 최승지(最勝智)를 내어 무위진여(無爲眞如)를 나타내는 지위

7. 원행지(遠行地) : 수혹(修惑)을 끊고 대비심(大悲心) 일으켜 광대무변의 진리 세계에 이르는 지위

8. 부동지(不動地) : 수혹(修惑)을 끊고 진여(眞如)를 얻어 다시 동요하지 않는 지위

9. 선혜지(善慧地) : 수혹(修惑)을 끊고 부처님의 십력(十力)을 얻고 법을 공교롭게 설하는 지위

10. 법운지(法雲地) : 수혹(修惑)을 끊고 끝없는 공덕을 구족하고서 사람들에게 이익을 행하여 대자운(大慈雲)이 되는 지위

십지(十地)는 십바라밀(十波羅蜜)에 배대하기도 한다.

보시, 지계, 인욕, 정진, 선정, 지혜 육바라밀에 방편(方便), 원(願), 역(力), 지(智)를 십바라밀(十波羅蜜)이라 한다.

수혹(修惑) = 사혹(思惑)이라고도 한다.

수혹(修惑) : 세간 사물의 진상(眞相)을 알지 못함에서 생기는 번뇌. 혹(惑)은 곧 번뇌이다.

법화경은 팔만 사천의 법장을 함장하고 있고 나아가 우리의 마음으로 귀결(歸結)되고 있다.

따라서 법화경을 믿고 이해하면 팔만 사천의 모든 법을 믿고 이해하는 것과 같으며, 자신의 마음의 참모습(實相)을 믿고 이해함이 된다.

법화경의 핵심 교리가 제법실상(諸法實相)인데 팔만 사천의 모든 법이 귀결하는 곳이며, 당체이다.

저마다 마음의 참모습을 밝히신 자부(慈父)의 금언(金言)이시다. 법화경은 부처님과 중생을 하나로 종결시키는 교리(敎理)를 담고 있다. 중생계(衆生界)와 불계(佛界)가 불이(不二)이다.

법화경과 불이법문(不二法門)

불이법문(不二法門)이 곧 중도실상(中道實相)이다.

중도는 이것과 저것의 중간이 아니다.

중도는 양변(兩邊)을 떠났다.

중도는 곧 실상이요 실상은 곧 중도이다.

중도는 곧 불이법문(不二法門)이다.

만법(萬法)이 있다 해도 중도에 드는 문이다.

중도를 떠나 무상도(無上道)를 구하고 찾는다면

이는 모두가 마군의 짓이다.

법화경의 골수가 곧 중도실상이다.

시방 제불께서 깨달아 성도하신 법이 곧 중도실상이니, 법화경이다.

중도는 곧 불성(佛性)이다.

법화경은 중도실상을 밝히시고 일체 중생의 개성불도(皆成佛道)의 법이다.

법신불(法身佛)과 중도는 둘이 아니다.

법신불이 곧 중도이며 불이법문(不二法門)이다.

생사불이(生死不二) 나고 죽음이 둘이 아니다.

고락불이(苦樂不二) 고통과 즐거움이 둘이 아니다. 고통과 기쁨이 한마음의 작용이다.

사바적광불이(娑婆寂光不二) 사바국토와 적광토가 둘이 아니다. 사바세계가 곧 부처님의 국토인 적광토이다.

중생계불계불이(衆生界佛界不二) 중생계가 곧 불계와 둘이 아니다. 중생의 한마음 가운데 중생계와 불계를 함장하고 있다. 중생계는 불계를 구족하고 있고 불계는 중생계를 함장하고 있다.

선악불이(善惡不二) 선과 악이 둘이 아니다. 선이든 악이든 마음의 작용이요 사연이다.

번뇌보리불이(煩惱菩提不二) 번뇌와 보리가 둘이 아니다. 번뇌이든 깨달음이든 마음의 사연이다.

생사열반불이(生死涅槃不二) 생사와 열반이 둘이 아니다. 생사가 곧 열반이다.

정예불이(淨穢不二) 청정함과 더러움이 둘이 아니다. 깨끗함과 더러움이 마음의 분별심이다.

범성불이(凡聖不二) 범부와 성인이 둘이 아니다. 범부가 깨달으면 성인이요 성인이 미혹하면 범부이다.

본적불이(本迹不二) 본래 부처님과 시성정각하신 적불이 둘이 아니다. 구원겁에 성불하신 부처님과 보리수 아래서 시성정각(始成正覺)하신 부처님은 둘이 아니다.

본래 부처님이 곧 적불이시고 적불이 곧 본불님이시다.

미오불이(迷悟不二) 미혹함과 깨침이 둘이 아니다. 미혹함도 깨침도 마음의 작용이다.

인아불이(人我不二) 사람과 내가 둘이 아니다.

피차불이(彼此不二) 너와 내가 둘이 아니다. 피는 상대방이요 차는 자신이다.

자타불이(自他不二) 자신과 상대방이 둘이 아니다. 이는 모두 중도(中道)의 뜻이다.

색심불이(色心不二) 몸과 마음이 둘이 아니다. 색은 몸이요 심은 마음이다.

대소불이(大小不二) 큰 것과 작은 것이 둘이 아니다.

신토불이(身土不二) 몸과 국토가 둘이 아니다. 몸(身)은 정보(正報)요, 국토는 의보(依報)이다. 자신의 몸과 국토가 둘이 아니다.

권실불이(權實不二) 권(權)은 방편이요 실(實)은 진실이라 방편법과 진실법이 둘이 아니다. 방편이 아니면 진실을 나툴 수 없다. 방편을 열어 진실을 드러낸다.

불이법문(不二法門)은 중도실상의 도리와 같은 뜻을 담고 있으며, 법화경의 핵심 법문이다.

불이법문은 평등대혜(平等大慧)요 교보살법(敎菩薩法)
불소호념(佛所護念) 법이다.

불이법문(不二法門)과
중도실상(中道實相)과
진여법성(眞如法性)은
말씀은 달라도 뜻은 같은 것으로 이해해야 한다.

絶學無爲閑道人 : 배움이 끊어진 한가한 도인은

不除妄想不求眞 : 망상도 없애지 않고 진실도 구하지
않으니

無明實性卽佛性 : 무명의 참성품이 곧 불성이요

幻化空身卽法身 : 허깨비 같은 공신이 곧 법신이로
다.

번뇌즉보리(煩惱卽菩提)

생사즉열반(生死卽涅槃)

비범비불(非凡非佛) 불범불이(佛凡不二)

범부와 불(佛) 상대적 초월

권학문

집을 부유하게 하려고 좋은 밭을 살 것이 없다.

경전 가운데 스스로 천가지 곡식이 있으니,

거처를 편안히 하려고 화려한 집을 세울 것이 없다.

경전 가운데 스스로 황금으로 된 집이 있으니

일념삼천설(一念三千說) : 한 생각 가운데 전체 우주

일념(一念)은 극소(極小) 삼천(三千)이란 극대(極大) 우
주 전체

천태대사(天台大師) : 속성(俗姓)은 진씨(陳氏) 자는 덕안(德安) 서기 538년에 출생(出生) 서기 555년 18세 때 과원사(果願寺)의 소문(少門, 법서法緒)의 문하에 출가

대사(大師)의 제자 관정(灌頂)이 남긴 천태대사 지자별전(智者別傳)이 제자 관정이 남긴 스승의 생애에 대한 기록이다.

23세 무렵에 그의 생애에 큰 영향을 받게 되는 혜사(慧思)를 찾아갔다. 혜사의 문하에서 본격적인 불교 수련을 힘쓰며 혜사의 문하에서 법화삼매(法華三昧)의 행법(行法)을 지도받고 크게 발전한 모습을 보였다고 한다.

약왕보살품(藥王菩薩品) : 제불동시찬언(諸佛同時讚言)..... 시진정진(是眞精進) 시명진법공양여래(是名眞法供養如來)

지(止)란 산스크리트어 (samatha)에 해당, 가라앉은 것, 마음의 평전한 상태

관(觀)은 산스크리트어 (vipasyana)에 해당, 사물을 자세히 관찰한다. 세상의 진실한 모습을 관찰한다.

지(止)는 마음을 안정시키고

관(觀)은 진리를 관하는 것

제법실상(諸法實相)을 관찰한다.

네 가지 실천방법 상좌삼매(常坐三昧) 상행삼매(常行三昧) 반행반좌삼매(半行半坐三昧) 비행비좌삼매(非行非坐三昧)

육근(六根) : 안이비설신의(眼耳鼻舌身意)

육경(六境) : 색성향미촉법(色聲香味觸法)

육식(六識) : 눈, 귀, 코, 혀, 몸, 뜻. 보고, 듣고, 맡고, 맛보고, 닿고, 알고

제법실상(諸法實相) : 마음의 참모습

실상(實相)의 다른 이름

묘유(妙有) 진선묘색(眞善妙色) 실제(實際) 필경공(畢竟空) 여여(如如) 허공불성(虛空佛性) 중실리심(中實理心) 비유비무중도(非有非無中道) 제일의제(第一義諦) 미묘적멸(微妙寂滅)

일심즉일체법(一心卽一切法)

긴 것은 짧은 것에 인하여 있고

짧은 것은 긴 것에 인하여 있는 것이다.

여시상(如是相) 여시성(如是性) 여시체(如是體) 여시력

(如是力) 여시작(如是作) 여시인(如是因) 여시연(如是緣) 여시과(如是果) 여시보(如是報) 여시본말구경등(如是本末究竟等)

십여시는 일체 법을 통섭하여 그것을 밝히는 10가지 법이다.

여시상(如是相) : 겉으로 나타난 존재하는 상

여시성(如是性) : 상(相)의 내포하고 있는 성질

여시체(如是體) : 상(相) 성(性) 하나하나 존재하는 주체(主體)

여시력(如是力) : 잠재적 능력이고

여시작(如是作) : 겉으로 나타난 작용

여시인(如是因) : 사물이 생기는 직접적인 원인

여시연(如是緣) : 인(因)을 돕는 보조 인이고

여시과(如是果) : 인(因)과 연(緣)에 의해 초래된 결과 이고

여시보(如是報) : 결과에 의해 이루어지는 응보이고

여시본말구경등(如是本末究竟等) : 처음 상(相)에서부터 보(報)에까지 모두가 실상(實相)이라는 뜻이다. 구경등(究竟等)이란 곧 실상이란 뜻이다.

세상에 있다는 온갖 모든 것이 십여시(十如是)에 해

당되지 않는 것이 없다.

지옥은 지옥 대로 십여시(十如是)를 갖추고 있고

부처님은 부처님 대로 십여시(十如是)를 갖추고 있다.

십법계(十法界)가 한결같이 십여시(十如是)를 갖추고 있어서 결여됨이 없다.

여(如)는 불이(不異)라는 뜻이다.

여시상(如是相)이든 여시성(如是性)이든 실상(實相) 아님이 없다.

십여시(十如是)가 곧 제법실상(諸法實相)이다.

제법실상을 문장으로 드러내신 법이 곧 십여시(十如是)이다.

구경등(究竟等)은 즉 실상의 극처(極處)를 말한 것이다.

구경등은 공가중(空假中)의 삼법(三法)이다.

일념삼천설(一念三千說)

십법계(十法界)를 십법계(十法界)가 모두 갖추고 있으니 백법계(百法界)가 되고 백법계(百法界)마다 십여시(十如是)를 갖추고 있으니 천여시(千如是)가 되고 백법계(百法界) 천여시(千如是)가 각각 세 가지 생존 이치를 갖추고 있다.

삼세간(三世間) 과거 현재 미래에 걸쳐 변천하는 세계

중생세간(衆生世間) : 생겨나서 없어지는 것으로서 지금 생존하고 있는 세계

오음세간(五陰世間) : 색수상행식(色受想行識) 5온 각각 차별하여 존재하는 세계 (정신세계情神世界)

국토세간(國土世間) : 산하(山河) 국토(國土) 환경적 세계 (물질세계物質世界) 중생(衆生)이 사는 세계(世界)

앞서 천여시(千如是)가 각각 삼세간(三世間)을 적용하면 삼천(三千)이 되니 일심(一心) 가운데 구족(具足)하고 함장하고 있으니 이를 일념삼천(一念三千)이라 한다. 천태대사(天台大師)의 일념삼천설(一念三千說)이다.

중생의 한 생각에 삼천(三千)의 유별되는 법(法)이 구족하고 있다는 법리(法理)이니, 삼천(三千)이란 일체법

과 같은 뜻이다. 심구일체법(心具一切法)이 곧 일념삼천설(一念三千說)과 같은 도리다.

일념(一心)에 십법계(十法界)를 갖추고 십법계(十法界)가 각각 십법계(十法界)를 갖추고 있으니 백법계(百法界)가 되고, 백법계(百法界)가 각각 십여시(十如是)가 되니 천여시(千如是)가 되고 천여시(千如是)가 삼세간(三世間)을 갖추고 있으니 삼천(三千)이 된다.

한 생각의 마음에 삼천(三千)의 법(法)을 갖추고 있으니, 이를 일념삼천설(一念三千說)이라 한다. 마음이 곧 일체법(一切法)이다. 일체법즉심(一切法卽心) 심즉일체법(心卽一切法) : 일체법이 곧 마음이요 마음이 곧 일체법이다.

마음은 모든 법(제법諸法)의 근본이니 마음은 곧 전체이고 고심(苦心)이 곧 법신(法身)이니 이것이 곧 마음의 본체(심체心體)요 번뇌심(煩惱心)이 곧 반야(般若)이니, 이것이 마음의 종요(심종心宗)이며 십이인연(十二因緣)은 마음이 생겨나는 것으로 분별(分別)한 육도(六道)의 차등이 있고 마음이 소멸하는 것으로 분별하면 사성제(고집멸도苦集滅道)의 높고 낮은 차별이 있으니 이것이 교상(教相)이라 한다.

묘법연화경(妙法蓮華經)이란 해석하는 것 중에 먼저

법(法)은 중생법(衆生法) 불법(佛法)으로 심법(心法)으로 설명하고 묘(妙)는 상대묘(相待妙) 절대묘(絶待妙)로 나누고 적문십묘(迹門十妙)와 본문십묘(本門十妙)로 나눈다.

심불급중생(心佛及衆生) 이삼무차별(而三無差別)

파추현묘(破麤顯妙) : 상대묘(相待妙)

개추현묘(開麤顯妙) : 절대묘(絶待妙)

법화경(法華經)의 근본원리는 일실상인(一實相印)이다.

제법실상(諸法實相), 실상(實相)을 모든 경(經)의 체(體)로 삼는다.

실상(實相)은 법화경의 본체일 뿐만 아니라 일체경의 본체(本體)이며 나아가 모든 수행의 본체가 되며 또한 두루 일체법(一切法)의 본체가 되는 것이다.

실상이외(實相以外) 마군(魔軍)이다.

법화경의 용현의(用玄義)를 논함[論用]	1. 이름을 해석함 2. 바로 해석함	3. 구별하여 해석함	(1) 迹門에 의거하여 해석함	
				①破三顯一
				②廢三顯一
				③開三顯一
				④會三顯一
				⑤住一顯一
				⑥住三顯一
				⑦住非三非一顯一
				⑧覆三顯一
				⑨住三用一
				⑩住一用三
			(2) 本門에 의거하여 해석함	①破迹顯本
				②廢迹顯本
				③開迹顯本
				④會迹顯本
				⑤住本顯本
				⑥住迹顯本
				⑦住非迹非本顯本
				⑧覆迹顯本
				⑨住迹用本
				⑩住本用迹

적문(迹門)은 ①파삼현일(破三顯一) ②폐삼현일(廢三顯一) ③개삼현일(開三顯一) ④회삼현일(會三顯一) ⑤주일

현일(住一顯一) ⑥주삼현일(住三顯一) ⑦주비삼비일현일(住非三非一顯一) ⑧복삼현일(覆三顯一) ⑨주삼용일(住三用一) ⑩주일용삼(住一用三)으로 역용(力用)을 설명하고

본문(本門)은 ①파적현본(破迹顯本) ②폐적현본(廢迹顯本) ③개적현본(開迹顯本) ④회적현본(會迹顯本) ⑤주본현본(住本顯本) ⑥주적현본(住迹顯本) ⑦주비적비본현본(住非迹非本顯本) ⑧복적현본(覆迹顯本) ⑨주적용본(住迹用本) ⑩주본용적(住本用迹)으로 역용(力用)을 풀이하고 있다. 따라서 구체적인 사례를 드러낼 필요도 없이 용현의(用玄義)야말로 개현(開顯)을 총괄적으로 설명하는 것이라 할 수 있다.

그런데 이 모든 개현(開顯)은 십묘(十妙)에 두루 통하고 또 하나의 묘(妙)에도 이 열 가지 뜻이 다 갖추어져 있다고 한다. 파삼현일(破三顯一), 폐삼현일(廢三顯一), 개삼현일(開三顯一), 회삼현일(會三顯一), 주일현일(住一顯一), 주삼현일(住三顯一), 주비삼비일현일(住非三非一顯一), 복삼현일(覆三顯一), 주삼용일(住三用一), 주일용삼(住一用三) 등으로 구성된 열 개의 적문개현(迹門開顯)에 대하여 적문십묘(迹門十妙)를 대응하고 있는데, 이를 도시하면 다음과 같다.

파삼현일(破三顯一)	지묘(智 妙)
폐삼현일(廢三顯一)	설법묘(說法妙)
개삼현일(開三顯一)	경묘(境 妙)
회삼현일(會三顯一)	행묘(行 妙)
주일현일(住一顯一)	승묘(乘 妙)
주삼현일(住三顯一)	감응묘(感應妙)
주비삼비일현일(住非三非一顯一)	신통묘(神通妙)
복삼현일(覆三顯一)	위묘(位 妙)
주삼용일(住三用一)	권속묘(眷屬妙)
주일용삼(住一用三)	이익묘(利益妙)

다음으로 본문(本門)의 개현(開顯)은 첫째 파적현본(破迹顯本) 둘째 폐적현본(廢迹顯本) 셋째 개적현본(開迹顯本) 넷째 회적현본(會迹顯本) 다섯째 주본현본(住本顯本) 여섯째 주적현본(住迹顯本) 일곱째 주비적비본현본(住非迹非本顯本) 여덟째 복적현본(覆迹顯本) 아홉째 주적용본(住迹用本) 열째 주본용적(住本用迹)이다. 그런데 여기서도 적문과 마찬가지로 "통틀어 본문에 따르면 하나하나의 묘 가운데 모두 열 가지 뜻을 갖춘다."고 함으로써 열 개의 본문개현(本門開顯)에 대하여 본문십묘(本門十妙)를 대응하고 있는데 이를 도시하면 다음과 같다.

파적현본(破迹顯本)	본인묘(本因妙)
폐적현본(廢迹顯本)	본과묘(本果妙)
개적현본(開迹顯本)	본국토묘(本國土妙)
회적현본(會迹顯本)	본설법묘(本說法妙)
주본현본(住本顯本)	본감응묘(本感應妙)
주적현본(住迹顯本)	본신통묘(本神通妙)
주비적비본현본(住非迹非本顯本)	본수명묘(本壽命妙)
복적현본(覆迹顯本)	본권속묘(本眷屬妙)
주적용본(住迹用本)	본열반묘(本涅槃妙)
주본용적(住本用迹)	본이익묘(本利益妙)

이와 같이 적문과 본문에서 각각 열 개의 개현(開顯)을 밝히고 있는데, 이것이 바로 법화의 역용(力用)으로서 개현(開顯)에 총설이라고 하겠다.

적문(迹門) : ①파삼현일(破三顯一) ②폐삼현일(廢三顯一) ③개삼현일(開三顯一) ④회삼현일(會三顯一) ⑤주일현일(住一顯一) ⑥주삼현일(住三顯一) ⑦주비삼비일현일(住非三非一顯一) ⑧복삼현일(覆三顯一) ⑨주삼용일(住三用一) ⑩주일용삼(住一用三)

본문(本門) : ①파적현본(破迹顯本) ②폐적현본(廢迹顯

本) ③개적현본(開迹顯本) ④회적현본(會迹顯本) ⑤주본
현본(住本顯本) ⑥주적현본(住迹顯本) ⑦주비적비본현본
(住非迹非本顯本) ⑧복적현본(覆迹顯本) ⑨주적용본(住迹
用本) ⑩주본용적(住本用迹)

오중현의(五重玄義) : 명체종용교(名體宗用敎)

◦ 명(名) : 경(經)의 제목(題目)을 해설하고

◦ 체(體) : 경(經)의 본체(本體)를 판별하며

◦ 종(宗) : 경(經)의 종요(宗要)를 설명하고

◦ 용(用) : 경(經)의 역용(力用)을 논설하며

◦ 교(敎) : 경(經)의 교상(敎相)을 판석(判釋)한다.

실상행(實相行)을 닦는 것을 부처님의 불인(佛因)이라
하고 도량에서 득도함은 불과(佛果)라고 한다.

법화경(法華經)은 실상(實相)을 본체(體)로 삼는다.

지금 부처님께서 동방으로 일만 팔천의 세계에 광명
을 나투심은 실상(實相)의 뜻을 밝히심이다.

모든 부처님은 법을 설한 지 오랜 뒤에야 진실을 말
씀하신다.

여래일체소유지법(如來一切所有之法) : 권실(權實)의 일
체 법(法)이 모두 포함되니 경(經)의 명칭(名)을 증명하

는 것이다.

여래일체자재신력(如來一切自在神力) : 안의 역용(用)은 자재라 하고 밖의 역용은 신력(神力)이라 하니 경(經)의 역용을 증명하는 것이다.

여래일체비요지장(如來一切祕要之藏) : 그릇이 아니면 줄 수 없는 것을 비(祕)라 하고 바른 본체(體)를 요(要)라 하며 포함하고 있는 것은 많으나 쌓아 두지 않은 것을 장(藏)이라 하니 경(經)의 본체(體)를 증명하는 것이다.

여래일체심심지사(如來一切甚深之事) : 실상(實相)을 깊고 깊다고 하고 실상을 위하여 닦는 원인을 심인(深因)이라 하며, 구경의 실상을 깊은 심과(深果)라고 한다. 종(宗)에 해당된 것이다.

개어차경(皆於此經) 선시현설(宣示顯說) : 오중현의(五重玄義)가 모두 이 법화경에서 펴 보이고 나타내어 설하였노라. 교(教)에 해당되는 것이다.

관심(觀心)

마음은 본래 이름이 없고 또한 이름이 없는 것조차 없으니, 마음은 생기지 않는다고 하며 또한 멸하지 않는다고 하니, 마음은 곧 실상(實相)이다. 처음 관찰하는 것이 원인(因)이 되고 관찰이 이루어지면 결과(果)가 된다.

마음은 상자적멸상(常自寂滅相)이요, 모습없는 모습으로 온갖 모습을 그려낸다. 마음은 볼 수 없으되 보지 못함이 없고 마음은 알지 못하되 알지 못하는 것이 없다.

심불급중생(心佛及衆生) 이삼무차별(而三無差別) (화엄경)

심불급중생(心佛及衆生) 개성불도(皆成佛道)의 묘법연화경(妙法蓮華經)이다.

대저 마음이 있는 자는 모두 무상보리를 얻을 것이다. (대반열반경)

이러함이 마음의 역용(用)이다.

삼계(三界)에는 다른 법은 없고 오직 일심(一心)이 지을 뿐이다. 마음은 지옥도 되고 천당도 되고 범부(凡夫)도 되고 성현(聖賢)도 된다.

모든 해탈(解脫)은 중생심(衆生心) 가운데 일어난다.

열고 닫는 것(개합開合)을 마음으로 관찰한다.

마음은 모든 법의 근본이니 마음은 곧 전체이다.

고심(苦心)이 곧 법신(法身)이니 이것이 마음의 본체(심체心體)요

번뇌심(煩惱心)이 곧 반야(般若)이니 이것이 마음의 종요(심종心宗)이며

업심(業心)이 곧 해탈(解脫)이니 이것이 마음의 역용(심용心用)이다.

묘법(妙法)을 바로 해석

다른 경전과 다르므로 묘(妙)라 한다.

① 적문(迹門) : 제법실상(諸法實相) 이승작불(二乘作佛)

② 본문(本門) : 구원실성(久遠實成) 상주불멸(常住不滅)

제호 경전의 묘(妙)한 원인과 묘(妙)한 결과는 타(他) 경전의 묘한 원인과 묘한 결과와 다르지 않으므로 묘(妙)라 한다.

삼법묘(三法妙) : 중생법(衆生法)과 불법(佛法)과 심법(心法)이다.

불지견을 열어 보여 깨달아 들어가게(개시오입開示悟入) 하기 위하여 만약 중생에게 불지견(佛知見)이 없다면 무엇을 연다고 하겠느냐. 그러므로 마땅히 불지견(佛知見)은 중생에게 깊이 내재함을 알아라. 중생법묘(衆生法妙)이다.

◦ 오직 부처님과 부처님만이 제법실상(諸法實相)을 궁구하여 다할 수 있다. 이것을 불법묘(佛法妙)라 한다.

。 안락행품에서 그 마음 거두어 닦아서 일체법이 움직이지도 물러서지도 않음을 비추어 본다 함이 심법묘(心法妙)이다.

마음이 그대로 법이다.

모든 부처님의 해탈(解脫)을 중생심(衆生心) 가운데서 구하라. 이것이 중생법(衆生法)이다.

중생으로 하여금 불지견(佛知見)을 열어 보여 깨달아 들게(개시오입開示悟入) 하기 위하여…. 부모로부터 받은 육안(肉眼)으로 안팎의 미루산을 꿰뚫어 본다 함이 중생법묘(衆生法妙)이다.

중도실상(中道實相)의 이치는 범부(凡夫)의 마음과 부처님의 마음이 다르지 않다.

일색일향(一色一香)이 중도(中道) 아님이 없다. 때문에 본말구경등(本末究竟等)이라 하는 것이다. 범부(凡夫)의 마음이나 부처님의 마음이 모두 실상(實相)이다.

묘(妙)가 둘이 있으니 하나는 상대묘(相待妙)이고 또 하나는 절대묘(絶待妙)이다.

상대묘(相待妙) : 사십여년(四十餘年)간 설하신 방편법(方便法, 추麤)에 대하여 법화경은 묘(妙)라 한다. 상대적(相對的)인 묘(妙)

반야교(般若敎)는 숙소(熟蘇)의 맛이고 법화(法華)는

제호(醍醐)의 맛이다. 네 가지 맛은 추(麤)이고 법화(法華)는 묘(妙)이다.

절대묘(絶待妙) : 법화경에서 그만두어라 그만두어라 말할 수 없다. 내 법은 미묘하여 생각하기 어렵다. 그만두어라 그만두어라 말할 수 없다는 절언(絶言)이고 나의 법은 미묘하여 생각하기 어렵다는 생각이 끊어진 것이고(절사絶思) 또 이 법은 보일 수 없으니(시법불가시是法不可示) 말과 형상이 적멸이다(언사상적멸言辭相寂滅). 상대(相待)도 절대(絶待)도 사라졌으므로 적멸(寂滅)이다. 이것을 절대(絶待)라 한다.

파추현묘(破麤顯妙) = 상대묘(相待妙)이고

개추현묘(開麤顯妙) = 상대묘(絶待妙)이다.

개권현실(開權顯實) = 절대묘(絶待妙)이다.

추(麤)를 타파하고 묘(妙)를 드러내면 상대묘(相待妙)이고

이승삼승(二乘三乘)을 일승(一乘)으로 융섭함은 절대묘(絶待妙)이다.

삼제(三諦) : 경계묘(境界妙) 지혜묘(智慧妙) 행묘(行妙)

진제(眞諦) 속제(俗諦) 중도제일의제(中道第一義諦)

일체종지(一切種智)는 곧 적멸상(寂滅相)이니

갖가지 수행의 종류와 성질을 아는 것이 일체종지(一切種智)라 이름한다.

보시바라밀 지계바라밀 인욕바라밀 정진바라밀 선정바라밀 지혜바라밀 방편(方便)바라밀 역(力)바라밀 원(願)바라밀 지(智)바라밀 십바라밀(十波羅蜜)

만약 어떤 사람이 무엇이 일체(一切) 모든 선근(善根)의 근본인가 묻는다면 자심(自心)이 이것이라고 말해야 한다. (열반경)

자심(自心)이 이미 수행의 근본이기 때문에 범행(梵行)이라고 말한다.

자심(自心)이 곧 여래(如來)이고 자심(自心)이 곧 불성(佛性)이다. 만약 자심(自心)이 부처님의 십력(十力) 사무소외(四無所畏) 삼십이상(三十二相)을 갖추지 않았다면 이것은 성문(聲聞)의 자심(自心)이고, 만약 구족하면 이것은 여래의 자심(自心)이다.

자심(自心)은 곧 큰 법이 모인 곳이고 자심(自心) 곧 대열반(大涅槃)이다.

자심(自心)의 힘은 크고 깊어서 일체 복덕장엄(福德莊嚴)이다. 그러므로 범행(梵行)이라고 이름한다.

실상(實相)의 묘리(妙理)는 제불(諸佛)이 스승으로 삼고 있다. 모든 여래(如來)가 머물고 쉬는 곳이다.

일체 법(法)이 공(空)하다고 관(觀)하여 움직이거나 물러서지 아니하고 또한 상중하(上中下)의 법과 유위와 무위 진실한 법과 진실하지 아니한 법을 분별(分別)하지 않는 것이 곧 여래좌(如來座)이다.

약초유품(藥草喩品) 여섯 가지 계위

소품약초(小品藥草) 중품(中品) 상품(上品) : 장교(藏教)의 계위

소목(小木) : 통교(通教)의 계위, 큰 나무 : 별교(別教)의 계위

지금 너를 위하여 가장 진실한 것을 설한 것이다. 원교(圓教)의 계위

소품약초(小品藥草) : 인천(人天) 전륜성왕(轉輪聖王) 석범제왕(釋梵諸王) (각왕各王의 계위)

중품약초(中品藥草) : 지무루법(知無漏法) 능득열반(能得涅槃) 기육신통(起六神通) 급득삼명(及得三明) 독처산림(獨處山林) 상행선정(常行禪定) 득연각증(得緣覺證) (성문 연각의 계위)

상품약초(上品藥草) : 구세존처(求世尊處) 아당작불(我當作佛) 행정진정(行精進定) (장교藏教의 계위)

소수(小樹) : 통교(通敎)의 계위

대수(大樹) : 별교(別敎)의 계위   삼초이목(三草二木)은 부처님의 방편(方便)이요 진실(眞實)이 아니다.

금위여등(今爲汝等) 설최실사(說最實事) : 원교(圓敎)의 계위

이제 너희들을 위하여 가장 진실된 일을 설하노니

십신(十信) 십주(十住) 십행(十行) 십회향(十回向) 십지(十地) 등각(等覺) 묘각(妙覺)

여래실(如來室) 여래의(如來衣) 여래좌(如來座) : 원교(圓敎)의 계위

대승(大乘)의 인(因)은 제법실상(諸法實相), 대승(大乘)의 과(果)도 또한 제법실상(諸法實相)이다.

원교(圓敎)는 즉공(卽空) 즉가(卽假) 즉중(卽中)이니 일심(一心)이 제심(諸心)이다.

일심(一心)에 무량공덕(無量功德)을 갖추고 있으나 집착하지 않는다.

오품위(五品位)

1. 수희품(隨喜品) 2. 독송품(讀誦品) 3. 설법품(說法品) 4. 겸행육도품(兼行六度品) 5. 정행육도품(正行六度品)

청정원만보리심(淸淨圓滿菩提心) 무연자비(無緣慈悲) 무작서원(無作誓願)으로 법계(法界)를 덮는 것에 머무른다. 또 일념중(一念中)에 일체(一切)의 만행(萬行)과 제바라밀(諸波羅蜜)을 성취함에 머무르며, 또 일체종지(一切種智)로 법계(法界)의 견사(見思)와 무명(無明)을 단절(斷切)한다.

법화경(法華經)에서 이르시되, 모든 부처님 세존께서는 일대사인연(一大事因緣)으로 세상에 출현하신다 함은 일승(一乘)의 제법실상(諸法實相)으로 들어가는 것이다. 또 이르시되 오직 부처님과 부처님만이 곧 제법실상(諸法實相)을 궁구하신다고 함은 즉 묘각(妙覺)의 계위이다.

또 비유품에서 모든 자식들이 보배수레를 타고 사방으로 노닐면서 희희낙락하고 자재무애(自在無碍)하여 곧 도량에 이르렀다 함은 사불지견(四佛知見) 열어(開) 보이고(示) 깨달아(悟) 들어가는(入) 사십(四十)계위 비유이며, 승차보승(乘此寶乘) 직지도량(直至道場)은 묘각

(妙覺)의 계위다.

열(涅)을 불생(不生)이라 하고 반(槃)을 불멸(不滅)이라 하며 불생불멸(不生不滅)을 대열반(大涅槃)이라 한다.

등각(等覺)은 묘각(妙覺)에 대하여 원인(願因)이 되고 십지보살(十地菩薩)에 대하여 결과(決果)가 된다.

삼법사과이도(三法四果二道)가 하나가 아니지만 법화경(法華經)에 이르러서 모두 합(合)해진다.

사십여년(四十餘年) 미현진실(未顯眞實)이 법화(法華)에서 진실(眞實)을 드러낸다.

실상(實相)을 가리켜 여래장(如來藏)이라 하므로 온갖 보배로 치장하고 또 여러 시종꾼이 모시고 호위한다고 한다.

실상을 가리켜 제일의공(第一義空)이라 하므로 살찌고 씩씩하고 힘이 센 크고 흰 소가 걸음이 고르고 빠르기가 바람과 같다고 한다.

지혜(智慧)에 물듦이 없음을 희다(白) 하고

번뇌(惑)를 부숨을 힘이 세다(多力)고 하며

중도(中道)의 지혜(智慧)를 고르다(平正)고 하고

법(法)을 성취(成就)함이 바람같이 빠르다(기질여풍其疾如風)고 한다.

여시체(如是體) : 진성궤(眞性軌)

여시력(如是力) : 관조궤(觀照軌)

여시성(如是性) : 관조궤(觀照軌)

여시작(如是作) : 자성궤(資成軌)

여시상(如是相) : 자성궤(資成軌)

여시인(如是因) : 관조궤(觀照軌)

여시연(如是緣) : 자성궤(資成軌)

여시보(如是報) : 자성궤(資成軌)

여시과(如是果) : 관조궤(觀照軌)

여시본말구경등(如是本末究竟等) : 관조궤(觀照軌)

　◦ 법신(法身)

　◦ 반야(般若) ——— ◦ 해탈(解脫)　　삼덕(三德)

십묘(十妙) : 이묘(理妙) 지묘(智妙) 행묘(行妙) 위묘(位妙) 삼법묘(三法妙) 감응묘(感應妙) 신통묘(神通妙) 설법묘(說法妙) 권속묘(眷屬妙) 이익묘(利益妙)

무문자설(無問自說) : 누가 질문이 없어도 스스로 설한다. 또한 불법(佛法)을 알기가 어려워서 질문하는 사람이 없다. 만약 스스로 설하지 않는다면 중생이 법을 설할지 설하지 않을지 알지 못하고, 또다시 무슨 법을 설할지 알지 못한다. 그러므로 묻지 않아도 스스로 설하여 진리를 드러냄으로써 중생(衆生)이 깊고 깊은 법을 듣고 깨달음을 얻게 된다. 이러하므로 무문자설(無問自說)하신 것이다.

무문자설(無問自說)에는 두 가지가 있다.

◦ 하나는 이치가 깊고 뜻이 심원하여 사람 중에 묻는 자가 없고

◦ 또하나는 물을 수 없는 것은 아니지만 다만 법을 듣기에 마땅하면 부처님께서는 묻는 자 없어도 스스로 설하시는 경우다.

십이부경十二部經 : 부처님께서 설하신 경문을 성질과 형식으로 열둘로 나눈 것

수다라(修多羅) 2. 기야(祇夜) 3. 수기(授記) 4. 가타(伽陀) 5. 우타야(優陀耶) 6. 니타야(尼陀那) 7. 아파타야(阿波陀那) 8. 본사(本事) 9. 사타가(闍陀伽) 10. 비불략(毘佛略) 11. 미증유(未曾有) 12. 우바제사경(優波提舍經)

1. **수다라(修多羅)** : 계경(契經) 법본(法本) 번역

2. 기야(祇夜) : 중송(重頌) 응송(應頌) 사언(四言) 오언(五言) 칠언(七言)

3. 수기(授記) : 경(經) 가운데서 말씀하신 뜻을 문답의 형식으로 하고 제자들에게 다음생에 몸을 받는 국토를 예언한 것

4. 가타(伽陀) : 풍송(諷頌) 고기송(孤起頌) 사언(四言) 오언(五言) 칠언(七言) 게송

5. 우타야(優陀耶) : 무문자설(無問自說) 제자가 묻지 않는데 스스로 설하심

6. 니타야(尼陀那) : 연기(緣起) 인연(因緣)

7. 아파타야(阿波陀那) : 비유(譬喩) 예) 화택비유(火宅譬喩) 등

8. 이제목다가목(伊帝目多伽目) : 본사(本事) 제자들의 지난 세상 인연

9. 사타가(闍陀伽) : 본생(本生) 부처님의 지난 세상에 행하신 보살행

10. 비불략(毘佛略) : 방광(方廣) 방등(方等) 광대한 진리

11. 미증유(未曾有) : 미증유법(未曾有法) 희유(希有) 아부타달마(阿浮陀達磨)

12. 우바제사경(優波提舍經) : 논의(論議) 논의 문답

이묘(理妙)에 따르면 일체 법이 중도(中道) 아님이 없다. 문자(文字)를 떠나 해탈을 말함이 없다.

정직사방편(正直捨方便) 단설무상도(但說無上道)

바르고 곧게 방편을 버리고 다만 무상도를 설하노라. 순전히 실상(實相) 하나의 법을 설하심.

여등소행(汝等所行) 시보살도(是菩薩道)

너희들이 행하는 바가 바로 보살도(菩薩道)이다.

개추현묘(開麤顯妙)

이것은 추(麤)한 것을 융섭하여 묘(妙)가 되게 하는 것이다.

일체중생(一切衆生) 개시오자(皆是吾子)

연(緣)을 맺거나 맺지 않거나 상관없이 일체 중생이 부처님의 아들이다.

육바라밀(六波羅蜜)

보시바라밀을 닦는 것에 의하여 인색함을 조복한다.

지계바라밀을 성취하면 계를 훼손하는 가려짐을 조복하고 지옥의 존재를 부수게 된다.

인욕바라밀이 성취되면 성냄의 가려짐을 조복하고 축생의 존재를 부순다.

선정바라밀이 성취되면 산란함의 가려짐을 조복하고 인간의 존재를 부순다.

정진바라밀이 성취되면 게으름의 가려짐을 조복하고 아수라의 존재를 부순다.

지혜바라밀이 성취되면 어리석음의 가려짐을 조복하고 천상의 존재를 부순다.

타인(他人)을 교화(敎化)한 공덕(功德)이 자신에게 돌아와 법신(法身)을 도와 도(道)를 늘게 한다.

생신보살(生身菩薩)도 경을 홍포한 공덕(功德)으로 보살도(菩薩道)를 원만(圓滿)히 한다.

여래가 멸도한 후에 법화경 한 구절 한 게송이라도 받아 지니면 아뇩다라삼먁삼보리의 수기를 주리라, 하물며 널리 홍포하고 선양하는 자이겠느냐. 한 사람을 위해서 설하는 것도 공덕이 많거늘 하물며 여러 대중이 있는 곳에서 널리 설하는 자이랴.

이 경은 염부제(閻浮提) 사람의 병에 좋은 약이다.

만약 이 경을 들으면 늙지도 않고 죽지도 않는다 함은 실상(實相)을 깨닫는 것을 의미한다.

만약 모름지기 잠깐이라도 들으면 구경삼보리를 얻으리니, 이것이 진실한 이익(利益)이다.

실상(實相)은 모든 법의 구경도(究竟道)이다.

제법실상(諸法實相)을 제외한 나머지 모든 법은 적(迹)의 자취이다.

모든 부처님께서는 오랜 뒤에야 진실한 법을 말씀하시리라.

마음이 법(法)의 근본이다. 대지도론에서 이르기를, 일체 세간 중에서 마음으로 만들어지지 않는 것은 없다. 모든 수행은 사유와 마음으로 말미암아 세워지므로 마음을 수행의 근본을 삼는 것이다.

모든 부처님의 해탈은 마땅히 중생의 심행 중에서 구하라. 정명경(淨名經)

만약 이전[已]과 지금[今]에 맞추어서 근본[本]과 자취[迹]를 논하면, 과거를 가리켜 자취로 하는 것은 석가모니부처님께서 적멸도량으로부터 열 가지 추(麤)와 열 가지 묘(妙)를 포섭하니, 모두 자취라 이름하고, 지금을 가리켜 근본으로 하는 것은 모두 멀리 최초 본시의 모든 추와 모든 묘를 포섭하니, 모두 근본이라 이름한다.

만약 방편과 진실에 맞추어 근본과 자취를 밝히면, 방편을 가리켜 자취로 하는 것은 따로 중간의 여러 다른 명칭의 부처의 열 가지 추와 열 가지 묘를 포섭하여 모두 방편이라 하는 것이고, 진실을 가리켜 근본으로 하는 것은 최초의 열 가지 추와 열 가지 묘를 포섭하여 모두 진실이라 하는 것이다.

만약 본체[體]와 역용[用]에 맞추어 근본[本]과 자취[迹]를 밝히면, 역용을 가리켜 자취로 하는 것은 최초의 감응·신통·설법·권속·이익 등의 다섯 가지 묘(妙)를 포섭하는 것이고, 본체를 가리켜 근본으로 하는 것은 최초의 삼법묘(三法妙)를 포섭하는 것이다.

만약 교행에 맞추어 근본과 자취로 한다면, 수행을 가리켜 자취로 하는 것은 최초의 행묘(行妙)와 위묘(位妙)를 포섭하고, 교리를 가리켜 근본으로 하는 것은 최초의 본시의 지묘(智妙)를 포섭한다.

만약 이치와 교리를 근본과 자취로 한다면, 이치[理]를 가리켜 근본으로 하는 것은 본시의 스승의 교리의 묘를 포섭하고 겸하여 본시의 열 가지 묘를 얻는 것이다.

만약 이치와 사물을 근본과 자취로 삼으면, 사물을 가리켜 자취로 삼는 것은 본시의 모든 추한 경계를 포섭하는 것이고, 이치[理]를 가리켜 근본으로 삼으면 본시의 묘한 경계를 모두 포섭한다. 최초의 근본을 근본으로 삼는다면 단지 근본일 뿐 자취가 아니고, 최후의 말씀은 단지 자취일 뿐 근본이 아니며, 중간은 자취이면서 근본이다.

만약 본시의 근본이 없다면 중간과 최후의 자취를 드리울 수가 없고, 만약 이전의 말씀에 자취가 없다면 지금의 말씀에 근본을 드러낼 수가 없다. 근본과 자취가 비록 끊어지더라도 부사의(不思議)하게 하나이다.

본문의 열 가지 묘(妙)를 밝힘

두 번째로 본문의 십묘(十妙)를 밝힌다. 첫째는 본인묘(本因妙)이고, 둘째는 본과묘(本果妙), 셋째는 본국토묘(本國土妙), 넷째는 본감응묘(本感應妙), 다섯째는 본신통묘(本神通妙), 여섯째는 본설법묘(本說法妙), 일곱째는 본권속묘(本眷屬妙), 여덟째는 본열반묘(本涅槃妙), 아홉째는 본수명묘(本壽命妙), 열 번째는 본이익묘(本利益妙)이다.

이 열 가지 묘(妙)를 해석하자면 또한 열 가지가 중요하니, 첫째는 열 가지 뜻을 간략하게 해석하고, 둘째는 생겨나는 순서로 하며, 셋째는 근본과 자취를 열어 모으고, 넷째는 문구를 인용하여 증명하며, 다섯째는 자세히 해석하고, 여섯째는 삼세로 헤아려 가리며, 일곱째는 추(麤)와 묘(妙)를 논하고, 여덟째는 방편과 진실을 결론지으며, 아홉째는 이익을 밝히고, 열 번째는 마음으로 관찰한다.

열 가지 뜻을 간략히 해석함

ㄱ. 본인묘(本因妙)

첫째, 간략하게 해석한다. 본인묘(本因妙)는 근본의 처음에 보리심을 내어 보살도를 행하고 닦는 원인이다. 열여섯 왕자가 대통불(大通佛)이 계셨을 때 경을 홍포하여 인연을 맺은 것은 모두 중간에 지은 바이지 근본의 원인은 아니다. 만약 사바를 북으로 하여 동으로 천계를 가서 비로소 한 점을 찍고, 점과 점이 아닌 것 등을 다 빻아 티끌로 하고 한 티끌을 한 겁으로 하여 또 백천만억 나유타 겁을 지난다면, 미륵 보처보살이 가관 도종지로 직접 세계를 헤아려도 오히려 알 수 없거늘 하물며 그 티끌을 세는 것을 어찌 다 할 수 있겠는가. 특히 이 여래의 교묘한 비유로 그 길고 먼 모습을 드러낼 수 있거늘 하물며 세간의 지혜인 산수(算數)를 가지고 드러낼 수 있겠는가.

경문에 이르기를, "내가 불안으로써 그 오래됨을 보건대, 오히려 지금과 같다."고 한다. 오직 부처님만이 이와 같이 오래됨을 아시니, 이것은 모두 자취의 원인일 뿐, 근본의 원인은 아니다. 만약 중간의 원인을 보류하면 이후에는 믿기 어렵다. 그러므로 법화에서 자취를 떨쳐 버려 의심을 없앤 것이니, 방편이지 진실이 아니다. 내가 본래 보살도를 행할 때에는 중간은 존재하지 않고 이것을 지나기 이전에 행한 도는 이것을 근본이라 하니, 이것이 본인묘(本因妙)이다.

ㄴ. 본과묘(本果妙)

둘째, 본과묘(本果妙)를 밝힌다. 본래 처음에 행한 원묘한 원인은 구경의 상락아정과 계합하니 근본의 결과이다. 적멸도량에서 노사나를 이룬 부처님을 취하여 근본의 결과라고 하지 않는다. 오히려 중간의 결과를 취해 근본의 결과로 삼지 않거늘 하물며 노사를 처음 이룬 것이 어찌 근본이겠는가. 단지 성불한 이래 매우 오래된 처음에 증득한 결과를 취하여 본과묘(本果妙)라고 한다.

ㄷ. 본국토묘(本國土妙)

셋째, 본국토(本國土)는 근본에서 이미 결과를 이루었으니, 반드시 국토에 의해야 한다. 지금 이미 자취는 동거토에 있거나 혹은 세 국토에 있거나 중간에도 네 국토가 있다. 근본의 부처도 국토가 있어야 하니 어느 곳에 머무르겠는가. 경문에 이르기를, "이곳에 온 나는 항상 이 사바세계에 있으면서 설법 교화하였다."고 한다. 이 경문에 의하면 실로 지금은 자취 가운데 사바가 아니고 역시 중간도 방취 자취의 처소가 아니다. 이것이 곧 근본의 사바 즉 본국토묘(本國土妙)이다.

ㄹ. 본감응묘(本感應妙)

넷째, 본감응(本感應)은 이미 결과를 이루었으니 근본 시에 증득한 이십오 삼매가 자비로 서원하는 근기의 갈구와 서로 관련되어 반응한다. 고요에 즉하면서 비추므로 본감응이라 한다.

ㅁ. 본신통묘(本神通妙)

다섯째, 본신통(本神通)은 역시 옛날에 얻은 무기화화선(無記化化禪)과 본인시(本因時)에 모든 자비를 합하여 베풀어 교화하여 지은 신통으로서 최초에 제도할 중생을 놀라게 했으므로 본신통(本神通)이라 한다.

경전에서 말씀하시기를 여래비밀(如來祕密) 신통지력(神通之力)이라 하고 또 혹은 자기의 몸을 설하고 혹은 남의 몸을 설하며 혹은 자기의 몸을 보이고 혹은 남의 몸을 보이며 혹은 자기 일을 보이고 혹은 남의 일을 보인다 함이 곧 본신통묘이다.

ㅂ. 본설법묘(本說法妙)

여섯째, 본설법(本說法)은 과거에 처음으로 도량에 앉아서 처음으로 정각을 이루시고 처음으로 법륜을 굴리시니, 네 가지 변재(사변四辯)로 말씀하신 법을 본설법(本說法)이라 한다.

ㅅ. 본권속묘(本眷屬妙)

일곱째, 본권속(本眷屬)은 근본시에 설법을 들은 자들이니 하방에 계시는 미륵조차 알지 못하는 이들이 곧 본권속(本眷屬)이다.

ㅇ. 본열반묘(本涅槃妙)

여덟째, 본열반(本涅槃)은 근본시에 깨달은 단덕열반(斷德涅槃)이다. 역시 본시에 응신(應身)의 동거토와 방편유여토 두 국토에 계시면서 인연이 있는 자를 제도하고는 입멸한다고 한 것을 본열반(本涅槃)이라 한다.

ㅈ. 본수명묘(本壽命妙)

아홉째, 본수명(本壽命)은 입멸했다고 하는 것은 길거나 짧거나 멀거나 가까운 수명이다.

ㅊ. 본이익묘(本利益妙)

열 번째, 본이익(本利益)은 본문의 업생·원생·신통·응생 등의 권속을 여덟 가지나 열 가지로 요익케 하는 것이 이것이다.

열 가지 묘(妙)가 생겨나는 차례를 논함

둘째, 생겨나는 차례이다. 이 열 가지 뜻은 인연에 따라 직접 말씀하였으므로 경문에 흩어져 있다. 이제 순서에 따라 배열하고자 하므로 반드시 생겨나는 순서를 따라야 한다. 근본원인이 처음에 있는 까닭은 반드시 원인으로 해서 결과에 도달하기 때문이고, 결과를 이루므로 국토가 있으며 지극한 결과가 국토에 거처하니, 근기를 비추는 것이고 근기가 움직일 때에 베풀어 교화하며 베풀어 교화할 때에는 신통이 있고 신통을 마친 다음에 설법하고 설법을 받은 자는 권속을 이루며, 권속이 이미 제도되었다면 인연이 다해 열반하고, 열반하였기 때문에 수명의 길고 짧음을 논하며, 길고 짧은 수명이 지은 이익 내지 부처가 멸도한 이후에 정법과 상법 등의 이익이 있게 된다. 뜻은 무량하나 다만 열 가지 조(條)만 만들어 시작과 끝을 거두어 묶으니 순서가 이루어진다.

본적의 열 가지 묘(妙)를 분석하고 종합함

셋째, 자취와 근본의 같은 점과 다른 점이다. 자취 가운데 원인을 열어서 결과를 합하니, 습과(習果)와 보과(報果)가 합치되는 것은 삼법묘(三法妙)라고 한다. 근본 가운데 원인을 합하니 결과를 열고 습과를 열어서 보과를 내는 것은 본국토묘(本國土妙)를 밝히는 것이다. 이렇게 같고 다르니, 뜻의 편의에 의해서 서로 버리고 취할 것이 있다. 자취 가운데 자세하게 경계, 지혜, 수행, 계위를 모두 밝혔으나, 근본의 경문을 간략히 말하기 위해 원인묘[因妙]를 공통으로 묶으니, 뜻을 얻어서 열고 합하는 것을 알 뿐이다. 결과묘[果妙]는 곧 자취 가운데 삼궤묘(三軌妙)이다. 감응·신통·설법·권속의 이름은 위와 같다. 근본에서 열반수명묘(涅槃壽命妙)를 얻는다. 오랜 모든 부처님은 등명불과 가섭불 등과 같이 모두 법화에서 열반에 든다. 뜻을 유추하면 본불은 반드시 깨끗한 국토이며 깨끗한 근기이다. 또 과거에 이미 이루었기 때문에 열반 등의 묘(妙)를 열어내는 것이다. 자취 가운데에 두 뜻이 없는 것은 석가모니부처님께서 비록 법화에서 열반을 말했더라도 아직 멸도하지 않았으니, 이런 사실은 바야흐로 열반에 있기 때문에 자취 가운데서 말하지 않은 것이다. 이익은 위와 같다.

경문을 인용하여 증명함

넷째, 경문을 인용하여 증명한다. 멀리 다른 경전에서만 찾지도 않고 또한 법화부에서만 공통으로 인용하지도 않으며, 다만 본문의 열 가지 뜻을 가지고 증명한다. 그러나 앞선 부처님의 법화에는 마치 항하사와 같은 수천 조의 게가 있고, 지금의 부처님은 영취산에서 팔 년간 설법하였으니, 호본(胡本)의 일이 어찌 모두이겠는가. 진단(眞丹)의 변두리에서 다만 대의만을 듣고서 사람들은 일곱 권을 보고 작은 경전이라고 말하지만, 호문(胡文)의 넓고 넓음을 어찌 변론하지 않겠는가. 지금 수지(數紙) 안에는 열 가지 증명이 완연하다.

이 법은 나타내어 보일 수 없으니, 언사와 형상이 적멸(寂滅)이다. 일체 법(法)은 마음을 포섭하고 일체 심(心)은 법을 포섭한다. 일체 모든 부처님께서 이 법화경을 인용(因用)하여 부처님이 되셨고 일체 모든 보살이 이 법화경을 신용(信用)하고는 불도를 이룰 수 있는 것이다.

대승(大乘)의 인과(因果)는 모두 실상(實相)이다.

대승(大乘) = 생사즉열반(生死卽涅槃) 생사(生死)와 열반(涅槃) 불이(不二)이다.

일체(一切) 중생(衆生)은 항상(恒常) 적멸상(寂滅相)이다. 곧 대반열반(大般涅槃)이다.

본래(本來)부터 생(生)도 아니니 지금 멸(滅)도 아니다.

오직 하나의 실상(實相)이고 실상이기 때문에 항상 적멸(寂滅)의 모습이다.

적멸(寂滅)은 곧 대열반(大涅槃)이다.

열(涅)은 불생(不生) 반(槃)은 불멸(不滅)이니, 불생불멸(不生不滅) 곧 대열반(大涅槃)이다.

법화경(法華經)의 본체(本體)는 하나의 실상(實相)이다.

대반열반(大般涅槃)에서 이르시기를, 하나의 진실한 진리는 둘이 없고 둘이 없으므로 일실제(一實諦)라 한다.

일실제(一實諦)는 허위가 없고 전도됨이 없고 일실제는 마구니 말이 아니고 또한 상락아정(常樂我淨)이라 이름하니 상락아정(常樂我淨)은 공가중(空假中)과 차이가 없다.

즉공(卽空) 즉가(卽假) 즉중(卽中) 차이가 없고 둘이 아니므로 일실제(一實諦)라 한다.

번뇌(煩惱)가 없기 때문에 정(淨)이라 하고 업(業)이 없기 때문에 아(我)라 하고 보(報)가 없기 때문에 락(樂)이라 하고 생사(生死)가 없기 때문에 상(常)이라 한다.

법화경은 지혜로운 자가 여의주(如意珠)를 얻는 것과 같은 것을 경(經)의 본체로 한다.

실상(實相)의 본체는 단지 한 법이지만 부처님께서는 여러 가지 명칭으로 말씀하셨다. 실상(實相)의 다른 이름을 살펴보면 묘유(妙有) 진선묘색(眞善妙色) 실제(實諦) 필경공(畢竟空) 여여(如如) 열반(涅槃) 허공불성(虛空佛性) 여래장(如來藏) 중실리심(中實理心) 비유비무중도

(非有非無中道) 제일의제(第一義諦) 미묘적멸(微妙寂滅)
실상(實相)의 다른 명칭이다.

실상(實相)은 모습 없는 모습으로 모습이 아님이 없
다.

◦ 실상은 모든 부처님께서 얻으신 법이므로 묘유(妙
有)한다.

◦ 묘유(妙有)는 비록 볼 수 없어도 모든 부처님은 볼
수 있으므로 진선묘색(眞善妙色)이라 한다.

◦ 실상은 두 측면의 유(有)가 아니므로 필경공(畢竟
空)이라 한다.

◦ 공한 이치가 담연하여 하나도 아니고 다른 것도 아
니기에 여여(如如)한다.

◦ 실상은 적멸(寂滅)이기에 열반(涅槃)이라 한다.

◦ 깨달아 아는 것이 바뀌지 않으므로 허공불성(虛空
佛性)이라 한다.

◦ 함수된 바가 많기 때문에 여래장(如來藏)이라 한다.

◦ 적정하면서 비추고 신령하게 알므로 중실리심(中實
理心)이라 한다.

◦ 유(有)에도 의지하지 않고 무(無)에도 따르지 않으
므로 중도(中道)라 한다.

◦ 최상이고 허물이 없으므로 제일의제(第一義諦)라 한

다.

모든 법은 실상의 다른 명칭이고 실상은 당체이다.

◦ **적문십묘(迹門十妙)**

1. 경묘(境妙) 2. 지묘(智妙) 3. 행묘(行妙) 4. 위묘(位妙) 5. 삼법묘(三法妙)

6. 감응묘(感應妙) 7. 신통묘(神通妙) 8. 설법묘(說法妙) 9. 권속묘(眷屬妙)

10. 이익묘(利益妙)

◦ **본문십묘(本門十妙)**

1. 본인묘(本因妙) 2. 본과묘(本果妙) 3. 본국토묘(本國土妙) 4. 본감응묘(本感應妙) 5. 본신통묘(本神通妙) 6. 본설법묘(本說法妙) 7. 본권속묘(本眷屬妙) 8. 본열반묘(本涅槃妙) 9. 본수명묘(本壽命妙) 10. 본이익묘(本利益妙)

살달마분타리가수다라(薩達磨芬陀利伽修多羅(분分)

살달마(薩達磨)=묘법(妙法) 분타리가(芬陀利伽)=연화(蓮華) 수다라(修多羅)=경(經)

모든 법은 실상(實相)의 다른 명칭(名)이고 실상의 당체이다.

실상(實相)도 다른 모든 법의 명칭이고 모든 법의 당체이다.

묘유(妙有)는 파괴될 수 없으므로 실상(實相)이라 한다.

모든 부처님은 볼 수 있으므로 진선묘색(眞善妙色)이라 한다.

여타의 사물과 접하지 않는 것이니 필경공(畢竟空)이라 한다.

같은 것도 아니고 다른 것도 아니므로 여여(如如)라 한다.

깨달아 요달하여 변하지 않으므로 불성(佛性)이라 한다.

실상(實相)의 다른 이름

모든 법을 모두 구족하였으므로 여래장(如來藏)이라 한다.

고요하면서도 비추고 신령하게 알므로 중실리심(中實理心)이라 한다.

모든 양단을 여의었으므로 중도(中道)라 한다.

위없고 허물이 없으므로 제일의제(第一義諦)라 한다.

실상(實相)은 그윽하고 미묘(微妙)하여 이치가 깊고 넓다.

이른바 일체 법이 진실함과 진실하지 않음과 진실하기도 하고 진실하지 않기도 함과 일체 법이 진실도 아니고 진실하지 않음도 아니고 이와 같은 도리를 제법실상(諸法實相)이라 한다.

실상(實相)을 제외한 모든 법은 실상(實相)으로 들어가는 문(門)일 따름이다.

비실비허(非實非虛) 비여비이(非如非異) 불여삼계(不如三界) 견어삼계(見於三界)

진실도 아니고 허망함도 아니고 같은 것도 아니고 다른 것도 아니다.

삼계에서 보는 삼계와 같지 않느니라.

이 말씀 두 극단을 버린 것이니 곧 실상(實相)을 말씀하신 것이다.

비공비유(非空非有)의 문(門)이다.

일체중생(一切衆生) 보리(菩提)의 모습이다. (정명경)

생사(生死)가 즉공(卽空)이니 진(眞)이라 하고 생사(生死)가 즉가(卽假)이니 선(善)이라 하고 생사(生死)가 즉중(卽中)이니 묘(妙)라 하고 이름하여 진선묘색(眞善妙色)이다.

사선근(四善根)

난법(煖法) : 불법의 기운을 얻는 것이다. 불을 모으면 연기가 일어나는 것과 같다. 봄볕의 따뜻한 기운(煖)이 일어나는 것과 같다. 착한 법에 훈습되고 쌓여서 혜해가 일어난다. 난법위(煖法位)라 한다.

정법(頂法) : 상사해(相似解)에서 증가하여 사여의족(四如意足)을 얻을 때 얻은 계위. 마치 산의 정상에 올라 사방을 관찰하면 실로 모든 것이 명료해지는 것과 같다.

인법위(忍法位) : 상사해(相似解)가 증장하고 잘 참아내고 즐거워하기 때문에 인법위(忍法位)라 한다.

세제일법위(世第一法位) : 상인(上忍)의 일찰나에 범부(凡夫)의 장소에서 가장 수승한 선근을 얻은 것을 세간제일법이라 한다.

생사즉열반(生死卽涅槃)이라고 관(觀)함에 의해 해탈(解脫)을 증득하고 번뇌즉보리(煩惱卽菩提)이기에 반야(般若)를 증득한다.

이것은 둘이면서 둘이 아니고(不二) 법신(法身)을 증득하여 일신(一身)이 무량신(無量身)이다.

◦ 진실하고 청정한 큰 법이란 법(法)에 대한 애착이

없는 것이다.

만약 모든 법의 실상을 여의면 모두 마왕의 일이다.

행법경에서 대승의 인(因)이란 모든 법의 실상(實相)이니라.

대승의 결과도 또한 모든 법의 실상(實相)이다.

실상(實相)은 모든 법(法)의 본체(本體)이다.

묘법(妙法)이란 여래(如來)의 영묘(靈妙)한 지혜(智慧)의 본체이다.

가야성 수명(壽命)은 응신(應身)의 수명이요

아승지의 무량(無量)의 수명(壽命)은 보신(報身)의 수명이요,

상주불멸(常住不滅)의 수명(壽命)은 법신(法身)의 수명이다.

삼종보리(三種菩提)

응화보리(應化菩提) : 석씨 궁전을 나와 가야성 가기가 멀지 않은 도량

보불보리(報佛菩提) : 나는 실로 성불한 지가 무량무변(無量無邊) 백천만억(百千萬億) 아승지(阿僧祇)

법불보리(法佛菩提) : 여래는 삼계의 상을 여실하게 보니, 삼계의 중생이 보는 삼계와 같지 않느니라.

중생계(衆生界)가 불계(佛界)이다.

삼인불성(三因佛性)

정인불성(正因佛性) : 나는 감히 너희들을 업신여기지 않는다. 너희들은 보살도를 행하여 모두 마땅히 성불하리라.

요인불성(了因佛性) : 중생으로 하여금 불지견(佛知見)을 열어 들게 한다.

연인불성(緣因佛性) : 부처님 종자 인연 따라 일어난다.

만선동귀법화교(萬善同歸法華敎) 숙소(熟蘇)에서 제호(醍醐)가 나오는 것과 같다.

열반상주교(涅槃常住敎)는 제호(醍醐)에 비유된다.

색(色)은 생사(生死)이고 공(空)은 열반(涅槃)이다. 색즉시공(色卽是空) 공즉시색(空卽是色) 생사즉열반(生死卽涅槃)

열반경(涅槃經) 법화경(法華經) 두 경이 모두 제호(醍醐)이다.

범부(凡夫)=우유　　성문=락(酪)　　보살(菩薩)=생소(生蘇) 숙소(熟蘇) 불(佛)=제호(醍醐)

묘법(妙法)은 제불(諸佛)의 구경각(究竟覺)

절대의 진리는 불가설(不可說)이라 한다. 제법종본래(諸法從本來) 상자적멸상(常自寂滅相) 어찌 말할 수 있겠는가. 일체어언도단(一切語言道斷)이니라.

지지 불수부설(止止 不須復說)이라 그만 그만두어라. 다시 말하지 말지니라.

일실(一實)의 무상도(無上道)는 일상일미지법(一相一味之法)이니라.

항상 적멸의 모습이라 마침내 공으로 돌아가느니라.

자아득불래(自我得佛來) 소경제겁수(所經諸劫數)
무량백천만(無量百千萬) 억재아승지(億載阿僧祇)

내가 저절로 성불한 이래 지나온 바 모든 겁수는 한량없는 백천만억 아승지 겁이니라.

부처님께서 내가 저절로 성불해 옴이 무량 백천만억 아승지 겁이라 하셨는데 이 내용은 불교의 구경의 법이다. 불교의 천경만론(千經萬論)이 자아득불래(自我得佛來)를 세상에 밝히시기 위한 과정이다.

처음부터 자아득불래를 설하셨다면 믿고 이해할 사람

은 하나도 없었을 것이다. 팔만 사천의 법문이 자아득불래에 드는 문이요 계단이다. 부처님께서 보리수 밑에서 시성정각(始成正覺)을 보이심은 중생을 제도하기 위한 방편이니 이런 도리를 방편보리(方便菩提)라 한다. 그러나 내가 진실로 성불해 옴이 무량무변 백천만억 나유타 겁이니라. 자아득불래 그 당체이다.

자아득불래는 불교의 뿌리요 생명이요 또 미래이다. 불교가 이 세상에 상재(常在)해야 할 근본이다. 자아(自我)는 부처님께서 깨달으시고 밝히셨지마는 십법계(十法界)의 자아이다. 우리 모두의 자아이며 내 자신의 사연이다. 우리 모두가 깨달아 비로소 부처가 되는 것이 아니라, 그대가 본래부터 부처였다는 사실을 먼저 깨달아야 한다.

자아득불래는 십법계(十法界)의 사연이요 나의 일기장 속의 사연이다. 자아득불래는 저마다 자신의 부처를 두고 하신 말씀이다. 시방 제불께서 깨달으신 구경의 진리가 곧 자아득불래이다.

이 진리는 중간에 생긴 것도 아니요, 언젠가 사라질 법도 아니요, 누가 조작한 것도 아니요, 누구에게 빌려온 것도 아니다. 스스로 저절로 부처되어 옴이 한량없고 가이 없는 백천만억 나유타 겁이니라.

수행자여, 깨달아 마침내 부처 되기를 원하지 말고

스스로 부처되어 있음을 먼저 깨달을지니라.

그대 자신이 저절로 부처되어 옴이 무량무변 백천만억 나유타 겁이니라.

이 일은 누구에게 듣고 비로소 알 것이 아니라,

스스로 깨달아 증득해야 하느니라.

자아득불래(自我得佛來)는 모든 부처님의 골수(骨髓)에서 나왔으며

일체 중생의 깨달음 가운데 이르러

모든 보살이 깨달음을 행함에 머무른다.

자아득불래는 구원본불(久遠本佛)의 사연이며,

모든 부처님의 사연이며, 또한 십법계(十法界)의 사연이다.

저마다 자성(自性)은 부처님이나 중생이 차등이 없는 것이다.

부처님의 마음을 알고자 할진대
부처님의 지혜를 관찰해야 하나니
부처님의 지혜는 의지한 곳 없어서
허공과 같아서 의지할 바 없네.

부처님의 경계를 알고자 할진대

그 뜻을 허공처럼 깨끗이 해야 한다.
법의 성품(性品) 본래부터 공하고 고요하여
취할 것도 없고 볼 것도 없나니
성품이 공함이 그대로가 부처라
헤아림으로는 얻을 수 없네.

여래의 지혜를 얻고자 하면
허망한 온갖 분별심을 여의어야 하나니
있고 없음에 통달하면
모두가 평등이라
인천의 큰 길잡이가 빨리 되리라.
허망한 근본을 알면 스스로 참되고
부처인 줄 깨달아 청정하리라.

　　　(화엄경)

순경(順境)과 역경(逆境)을 만나며 애증심(愛憎心)을 갖는다면 이는 수행자(修行者)의 도리가 아니다. 순경이든 역경이든 지나가는 바람이다. 그냥 싸우지 말고 세상을 탈 줄 알아야 한다. 사람이 다른 중생들과 다른 것은 부끄러운 마음이 있는 것이다. 만약 사람이 부끄러움이 없다면 우마(牛馬)와 다를 바가 없다.

세상에서 가장 어리석은 사람은 명리(名利) 얻는 데 애착(愛著)하고 성인(聖人)의 말씀을 업신여기고 받아들이지 않는 일이다.

법(法)을 성취(成就)하기 위하여 신명(身命)을 가벼이 여기고 법(法)을 귀하게 여길지니라.

선악(善惡)의 근원이 모두 마음으로부터 나오는 것이다.

무명실상즉불성(無明實相即佛性)이요

환화공신즉법신(幻化空身即法身)이다.

제법실상(諸法實相)은 어언도단(語言道斷)이요 심행처멸(心行處滅)이다.

시법불가시(是法不可示) 언사상적멸(言辭相寂滅)

분별심(分別心)을 여의면 마음이 청정하고 마음이 청정하면 도(道)를 이룬다. 실상(實相)은 무상불상(無相不相)이요 불상무상(不相無相)이라,

달을 가리키는 손가락도 여의고 달마저도 여읨이 곧 실상(實相)의 도리라,

손가락도 달도 여윌 때 중도실상(中道實相)이 드러난다.

주객(主客)이 떠난 자리요, 자타(自他)가 떠난 것이요, 선악(善惡)의 분별심(分別心)이 떠남이요,

언사상적멸(言辭相寂滅)이 곧 실상(實相)이요

구경열반(究竟涅槃)이다.

심불급중생(心佛及衆生) 이삼무차별(而三無差別)

마음과 부처와 중생이 이 셋은 차별이 없네.

시제중생(是諸衆生) 종불문법(從佛聞法) 구경개득(究竟皆得) 일체종지(一切種智)

이 모든 중생이 부처님으로부터 법을 듣고는 마침내 일체종지를 모두 얻을 것이니라.

세존법구후(世尊法久後) 요당설진실(要當說眞實)

세존의 법은 오랜 뒤에야 요긴한 진실을 설하노라.

요긴한 진실한 법이란 곧 유일불승(唯一佛乘)이요,

제법실상(諸法實相)의 도리다.

평등대혜(平等大慧) 교보살법(敎菩薩法) 불소호념(佛所護念)

평등대혜는 제법실상에서 나오는 큰 지혜이며, 일불승법은 보살을 가르치는 법이요 모든 부처님께서 호념하시는 법이니라.

묘법연화경은 십법계의 본성품을 밝히신 경전이다.

우리의 자성은 한마디로 열반적정(涅槃寂靜)이요 상적멸상(常寂滅相)이다.

이런 도리를 제법실상(諸法實相)이라 하고 묘법연화경의 당체라 한다.

제법실상이란 저마다 마음의 참모습이다.

"나무묘법연화경"하고 제목을 부르는 것은 자신의 마음의 참성품을 회복함이요 자성불(自性佛)에 귀의함이다.

자신 가운데 잠들고 있는 부처를 깨움이 되는 수행이다.

개성불도(皆成佛道)의 묘법연화경과 시방 제불과 제목을 부르는 중생 이 셋은 차별이 없는 묘법연화경이다.

제법실상(諸法實相)은 시방 삼세 모든 부처님의 구경각(究竟覺)이다.

이를 두고 평등대혜요, 교보살법이요, 제불호념의 법이라 한다.

유일불승법(唯一佛乘法)이요, 법화경 근본 교리요, 중생성불의 직도이다.

팔만 사천의 법문이 제법실상에 드는 문이요, 계단이요, 비계이다.

자신의 본래 부처를 회복함이 제목을 부르는 수행이다.

항하의 모래알과 같은 조사 스님이 세상에 출현하시어 법을 설하신다 해도

제법실상의 도리를 넘어가는 법을 설할 수 없다.

왜냐하면 제법실상은 부처님께서 성취하신 바 가장

희유하고 알기가 어려운 법으로 오직 부처님과 더불어 부처님만이 이 모든 법의 실상(實相)을 능히 깨달아 아시기 때문이라고 하셨다. 한량없는 선지식이나 큰스님께서 법을 깨치고 화두를 타파한다 해도 역시 제법실상(諸法實相)의 도리를 뛰어넘을 수 없다.

왜냐하면 제법실상의 법문은 모든 부처님께서 깨달아 증득하신 구경(究竟)의 법이기 때문이다.

제법실상이란 세상에 있다는 온갖 모든 것의 진실한 모습이다. 또한 제법실상이란 저마다 마음의 참모습이다.

자신의 마음의 진실한 모습을 제법실상이라 한다.

경전을 받아 지니고 독경하거나 염불하거나 참선하고 화두를 들고 정진하는 등 모든 수행이 자신의 마음의 실체를 깨치기 위한 과정이다.

법화경은 제법실상의 도리를 십여시(十如是) 사불지견(四佛知見) 등으로 명료하게 밝히고 있다.

제법종본래(諸法從本來) 상자적멸상(常自寂滅相)

모든 법은 본래부터 항상 스스로 적멸의 모습이다.

제법실상을 드러내신 게송이다.

세상에 제법실상의 도리를 뛰어넘는 진리는 없다.

심즉시불(心卽是佛) 심즉시법(心卽是法)

마음이 곧 부처요, 마음이 곧 법이다. 이러함도 한결같이 제법실상의 도리에서 이해해야 한다.

세상에 오직 일불승(一佛乘)만 있고 이승(二乘) 삼승(三乘)은 없다 하심도 모두 제법실상을 두고 하신 말씀이다.

시법불가시(是法不可示) 언사상적멸(言辭相寂滅)

이 법은 가히 보일 수 없고 말과 모습이 적멸상이다.

제법실상의 도리를 극명하게 드러내신 경전의 말씀이다.

이를 일체어언도단(一切語言道斷)이요 심행처멸(心行處滅)이라 한다.

제법실상이란 일체의 말길이 끊어졌으며 마음으로 행하는 바가 멸한 것이다.

어떤 조사(祖師)께서나 선지식이 법을 설하신다 해도 제법실상의 도리를 뛰어넘는 법을 설할 수 없다.

일불승법(一佛乘法) 평등대혜(平等大慧) 교보살법(敎菩薩法) 불소호념(佛所護念)의 이 법은 구경의 진리이기 때문이다.

모든 부처님께서나 조사께서 천경만론(千經萬論)을 설하심은 모두 제법실상을 드러내기 위함이다.

제법실상이란 단어를 만 번이나 말한다 해도 과함이 없다.

시법화경장(是法華經藏) 심고유원(深固幽遠) 무인능도(無人能到) 금불(今佛) 교화성취보살(敎化成就菩薩)

이위개시(而爲開示)

이 법화경의 법장은 깊고 굳으며 그윽하고 멀어서 사람이 능히 이를 수가 없거늘 이제 부처님은 보살을 교화하여 성취시키려고 이에 열어 보이시느니라. (법사품)

법화경의 제법실상(諸法實相)은 깊고 굳으며 그윽하고 멀어서 사람들이 능히 믿기 어렵고 이해하기 어렵다는 말씀이다.

제불양족존(諸佛兩足尊) 지법상무성(知法常無性)

불종종연기(佛種從緣起) 시고설일승(是故說一乘)

모든 부처님 양족존께서 법에 항상 성품 없음을 아시고 불종자 인연 따라 일어나니 이런 까닭으로 일승을 설하노라.

모든 법은 무상(無常)하나 온갖 법이 인연 따라 일어

나느니라. 자성(自性)의 바다에서 한 법이 일어나고 잠시 머물다 달라져서 사라지고[생주이멸(生住異滅)] 함이 모두 생멸하는 마음이요 실상이니라.

시법주법위(是法住法位) 세간상상주(世間相常住)

이 법은 법의 위치에 머물고 세간의 형상에도 항상 머무느니라.

이 법이란 제법실상이요, 법의 위치에 그리고 형상에도 머문다 함도 부처님께서 설하신 법이 모두 실상법(實相法)이라는 말씀이다. 실상은 모습 없는 모습이요 곧 적멸(寂滅)을 의미한다.

세상에 있다는 세간법(世間法)이나 출세간법(出世間法)의 참성품은 실상이요 적멸이란 말씀이다.

나무는 나무대로 실상이요 십여시요 돌은 돌 그대로 십여시요 실상이다.

지제일적멸(知第一寂滅) 이방편력고(以方便力故)
수시종종도(雖示種種道) 기실위불승(其實爲佛乘)

제일의 적멸법을 아시건마는 방편의 힘으로 비록 가지가지 도를 보이시나 그 실상은 일불승을 위함이니라.

제일적멸(第一寂滅)이란 제법실상을 두고 하신 말씀이다. 이를 제일의제(第一義諦)라고 한다. 세상에서 가장 제일의 진리라는 뜻이다.

부처님께서 가장 진실법인 제법실상을 감추시고 가지가지 방편력으로 비록 갖가지 도를 보이시나 진실로는 일불승을 위한 까닭이라는 말씀이다.

진여(眞如)는 두 가지 문이 있다. 하나는 진여문이요 둘은 생멸문이다.

심진여문(心眞如門)은 바다와 같고 나무의 뿌리와 같고, 심생멸문(心生滅門)은 바다에서 일어난 파도와 같고 나무의 가지와 같다.

바다가 있기 때문에 파도가 일어나니 바다와 파도는 불이(不二)이다. 나무의 뿌리와 가지는 불이(不二)이다. 파도는 애쓰지 않아도 바다로 돌아간다. 바다와 파도는 같은 물이다. 뿌리와 가지는 같은 나무이다.

번뇌즉보리(煩惱卽菩提)이다. 진여심과 생멸심이 한 몸이다. 진여심과 한 생각인 생멸심과 둘이 아니다.

실상(實相)과 진여(眞如)는 말은 달라도 뜻은 다르지 않다. 모두가 열반적정(涅槃寂靜)이요 상적멸상(常寂滅相)이다. 저마다 자성의 참된 모습이다.

진여법성(眞如法性)이나 제법실상(諸法實相)은 모습이 없되 모양 아님이 없다. 이를 진공묘유(眞空妙有) 허공법신(虛空法身)이라 하고 여래라 하고 진공묘색(眞空妙色)이라 하고 제일의제(第一義諦)라고도 한다.

일체유상안대절(一切有相眼對絶) 일체 있다는 모양이 눈으로 보는 대상이 끊어진 것이다.

세상에 있다는 온갖 모든 법이 끝내 공으로 돌아간다. [종귀어공(終歸於空)]

수행자가 경계(境界)에 마음을 팔면 윤회의 길이 다시 열리게 되리라.
백 년의 영화를 누린다 해도 하루아침의 티끌이요,
거울속의 환상이요, 물 위에 거품이요, 모래성이니라.
무명(無明)의 꿈을 꾸는 것이니라.

마음이 부처가 되고 마음이 중생이 되며
마음으로 천당을 짓고 마음으로 지옥을 지으며
마음이 일어나면 천차만별이 다투어 일어나고
마음이 평정하면 법계가 담연(淡然)해지고
마음이 범부이면 삼독이 뒤엉키고
마음이 공하면 일도(一道)가 청정해진다.   (종경록)

만 가지 행이 마음으로 말미암는 줄 알면
온갖 것이 나에게 있다.
마음이 청정하면 시방 국토가 청정하느니라. (정명경)

삿됨과 바름이 마음으로부터 일어난다.
마음은 화가와 같다. 일체유심조(一切唯心造)이니라.
(화엄경)

심생즉종종법생(心生即種種法生)

심멸즉종종법멸(心滅即種種法滅)

마음이 일어나면 가지가지 법이 생기고

마음이 멸하면 가지가지 법이 멸하느니라.

마음이 곧 법이요 법이 곧 마음이니라.
마음이 곧 묘법이요 묘법이 곧 마음이니라.
제법실상이란 마음의 참모습이니라.
마음의 참모습이란 상자적멸상(常自寂滅相)이라
항상 스스로 적멸의 모습이니라.
일체 법이 공했다 하더라도 무심(無心)과 계합할 수
있어야 한다.
입으로만 아무리 공(空)을 말한다 해도 행이 없으면
안 된다.

중도(中道) 이것이 불성(佛性)이다. 평등대혜(平等大慧)가 곧 중도의 다른 이름이다.

중도는 양변(兩邊)을 여읜 것이다.

중도는 생사에 치우치지 않는다. 진제(眞諦)이거나 속제(俗諦)이거나 유위(有爲)이거나 무위(無爲)이거나

하나의 세계 하나의 티끌마다 마음 아님이 없고 중도 아님이 없다.

생사즉열반(生死卽涅槃)이라 하니 하나의 색(色)과 하나의 향(香)이 중도(中道) 아님이 없다.

번뇌즉보리(煩惱卽菩提)라 함은 두 가지가 하나의 마음에서 일어났기 때문이다. 마음 밖에 법이 없고 법 밖에 마음이 없으니 이와 같이 분명히 알면 옳은 선지식(善知識)이다.

묘법의 묘리(妙理)인 제법실상의 도리를 명료하게 깨달은 사람이 옳은 선지식이다.

당지(當知) 선지식자(善知識者) 시대인연(是大因緣) 소위(所謂) 화도(化導) 영득견불(令得見佛) 발아뇩다라삼먁삼보리심(發阿耨多羅三藐三菩提心)

마땅히 알지니라. 선지식이란 바로 큰 인연이니 이른바 교화하고 인도하여 부처님을 뵈옵게 하고 아뇩다라삼먁삼보리심을 일으키게 하느니라. (묘장엄왕본사품)

  묘법을 여설수행(如說修行) 광선유포(廣宣流布)하는 자가 곧 선지식이다.

  승차보승(乘此寶乘) 직지도량(直至道場)하는 사람이 곧 진정한 선지식이다.

  진여성품(眞如性品)이 곧 여래임을 분명히 알면 옳은 선지식이다.

  묘법연화경이 부처임을 삼는지라 온갖 법이 곧 묘법이다. 양변(兩邊)을 여읜 자는 곧 진해탈자이며 참된 해탈이란 곧 여래이다.

  마음과 부처님과 묘법이 셋이 차별이 없어

  개성불도(皆成佛道)의 묘법연화경이다.

  세간의 모든 법은 모두가 허깨비와 같나니,

  만약 이와 같이 알 수 있다면 그 마음은 동요될 바가 없다.

  모든 법은 마음으로부터 생기므로 마음은 마치 허깨비와 같다고 말하나니, 만약 이런 분별심을 여의게 되면 있다는 모든 경계가 소멸하리라.   (화엄경)

  지금 나의 몸은 단단한 것은 흙으로 돌아가고, 수분은 물로 돌아가고 더운 기운은 불로 돌아가고, 움직이는 것은 바람으로 돌아갈 것이다.

　선남자여, 몸과 마음이 모두 허깨비의 때[환구(幻垢)]이니 때의 모습이 영원히 없어지면 시방세계가 청량함을 알지니라.　　(원각경)

　마음이 청정하면 시방 국토가 청정하고,
　마음이 공하니 일체 법이 공하고,
　마음이 극락이면 시방 국토가 극락이다.
　마음과 법은 동일한 체성이기 때문에 여래장(如來藏)이라 한다.
　모든 중생에게는 여래장이 있어서 부처가 되는 원인이 되므로 불성(佛性)이 있다 한다.
　마음을 떠나서 그 밖에 다시는 하나의 법도 없다.

　만약 대승(大乘)을 배우는 사람이라면 비록 육안이라 하더라도 불안(佛眼)이라 하지마는, 이승(二乘)은 비록 천안(天眼)을 갖추었다 하더라도 불안(佛眼)이라 하지 않는다. (열반경)

　만약 불성을 깨친 사람이라면 비록 번뇌의 성품이 있다 하더라도 여래의 비밀장(祕密藏)을 알 수 있으므로 곧 육안일지라도 불안(佛眼)이라 한다.

소지락소법(小智樂小法)　부자신작불(不自信作佛)

시고이방편(是故以方便)　분별설제과(分別說諸果)

작은 지혜는 작은 법을 즐겨서 스스로 부처됨을 믿지 않나니 이런 고로 방편을 써서 모든 과(果)를 분별하여 설하노라.　(방편품)

한 생각 온갖 법이 바로 도량(道場)임을 안다.　(정명경)

하나의 법이 두루하면 일마다 갖추지 아니함이 없어서 보리(菩提)가 원만하고 불도를 성취한다고 한다.

비실비허(非實非虛)　비여비이(非如非異)

불여삼계(不如三界)　견어삼계(見於三界)

진실도 아니고 허망한 것도 아니고 같은 것도 아니고 다른 것도 아니고 삼계에서 보는 삼계와 같지 않느니라.　(여래수량품)

마음의 참모습(實相)을 밝히신 말씀이다.

진실이거나 허망하거나 하나의 실상일 뿐이고 다른 둘은 없나니, 하나의 실상일 뿐이다.

이러함이 부처님께서 세상이 출현하신 본회(本懷)이
시다.

실상은 중생계와 불계가 평등하여 차별이 없으니 구
경등(究竟等)이라 하고

무등등(無等等) 아뇩다라삼먁삼보리(阿耨多羅三藐三菩
提)라 하는 것이다.

참되고(眞) 바르게(正) 보리심을 내는 이는 이미 불가
사의 경계를 깊이 알고 있기 때문에 모든 고통을 알고
스스로 벗어나는 것이다.

보리심은 모든 집착을 놓고 고통에서 벗어나게 한다.

제법실상(諸法實相)을 관(觀)함에 의해 온갖 집착과
고통에서 해탈을 얻게 된다.

법이라 함은 중생의 마음을 말한다. 한량없는 법이
마음으로부터 생긴다.　　(무량의경)

범부와 성현이 마음 씀에 따라 갈라진다. 한마음에는
진여문(眞如門)과 생멸문(生滅門)이 있나니, 진여문은
불변(不變)이요 생멸문은 수연(隨緣)에 따른다. 진여문
은 본체(本體)요 생멸문은 상(相)이요 용(用)이다.

진여체(眞如體)는 법신불에 해당되고
진여상(眞如相)은 보신불에 해당되고
진여용(眞如用)은 응신불에 해당된다.

제법실상(諸法實相)을 분명히 알면 끊을 만한 미혹도 없고 설령 습기가 있다 해도 도리어 한마음인 불지견(佛知見)으로 다스리게 된다.

참모습(實相) 가운데는 진실로 보살도 중생도 없느니라. 왜냐하면 보살과 중생이 모두 허깨비인데 허깨비가 사라지기 때문에 취할 것도 없고 증득할 것도 없느니라.   (원각경)

지옥과 천당이 모두 정토이니라. 선남자여, 온갖 장애가 곧 구경각(究竟覺)이니라.   (원각경)

한가지 일만 진실이고 그 밖에 둘은 진실이 아니다. 유일불승법(唯一佛乘法)은 진실이요, 이승(二乘) 삼승(三乘)은 진실이 아니라는 말씀이다. 중도실상(中道實相) 이외 다른 것은 마군(魔軍)이다. 온갖 법이 실상 아님이 없다. 이를 두고 제법실상(諸法實相)이라 한다. 한마음(一心)이 곧 실상이요 적멸이며 진여법성(眞如法性)이

다. 삼계가 하나의 마음일 뿐이라 이를 제일의제(第一
義諦)라 한다.

시방불토중(十方佛土中)　유유일승법(唯有一乘法)

무이역무삼(無二亦無三)　제불방편설(除佛方便說)

시방 부처님 국토 가운데 오직 일승법만 있고 이승
삼승은 없으나 부처님께서 방편으로 설하심은 제외하
느니라.

설불지혜고(說佛智慧故)　제불출어세(諸佛出於世)

유차일사실(唯此一事實)　여이즉비진(餘二則非眞)

종불이소승(終不以小乘)　제도어중생(濟度於衆生)

부처님의 지혜를 설하시려는 까닭으로 모든 부처님
세간에 출현하시니, 오직 이 한 가지 일만 진실이고
다른 둘은 진실이 아니니 마침내 소승으로는 중생을
제도하지 아니하느니라.

자증무상도(自證無上道)　대승평등법(大乘平等法)

약이소승화(若以小乘化)　내지어일인(乃至於一人)

아즉타간탐(我則墮慳貪)　차사위불가(此事爲不可)

스스로 무상도인 대승평등법을 증득하고도 만약 소승

으로 교화함이 한 사람에 이를지라도 나는 곧 간탐에 떨어지리니 이런 일은 옳지 못하느니라. (방편품)

중도(中道)는 제일의제(第一義諦)이다. 중도는 세상에서 제일가는 이치(理諦)이다. 제법(諸法)이라 함은 중생의 마음을 두고 하는 말이다.   (기신론)

진여(眞如)는 조그마한 부분도 깨달음이 아닌 것이 없다. 진여는 유정무정(有情無情)의 처소에 두루하기 때문이다. 세상이 있다는 온갖 모든 것의 참모습(實相)은 곧 적멸이다. 생사에도 머무르지 않고 열반에도 머무르지 아니함이 중도라 한다. 한마음이란 곧 모든 법의 참모습(實相)이요 모든 법의 참성품(實性)이다. 모든 법 그대로가 참모습(實相)이요 참모습 그대로가 모든 법이다. 온갖 모든 법을 마음에 갖추었다는 뜻이 일체유심조(一切唯心造)이다. 온갖 법이란 십여시(十如是)일 뿐이다.

여시상(如是相) : 외적으로 나타난 모양, 사람의 얼굴빛에는 모든 길흉화복이 나타나는 것.

여시성(如是性) : 내적인 성품 참성품(實性)인데 한마음의 불성(佛性)의 다른 이름일 뿐이다.

　여시체(如是體) : 체는 주된 바탕(主質) 앞의 상(相)과 성(性)의 주된 바탕. 물질(相)과 마음(性)을 바탕으로 삼는다.

　여시력(如是力) : 무슨 일을 해낼 수 있는 힘. 불은 태우고 따뜻하게 하는 힘, 물은 사물을 젖게 하는 힘, 사람이 남을 이롭게 하는 힘 등이다.

　여시작(如是作) : 운용하여 이룬다는 뜻이다. 마음이 신(神)을 조작 발휘함이다. 마음을 여의고 다시 짓는 바가 없다. 마음으로 선악(善惡)을 짓는 것이다.

　여시인(如是因) : 결과를 초래하는 원인(因)이라는 것, 업(業)이라고도 한다. 업은 스스로 마음에서 일어나는 것이며 선악의 업이 마음으로부터 일어난다.

　여시연(如是緣) : 연(緣)은 어떤 조건으로 말미암아(緣由) 생기는 연유이다. 곧 마음이 연이 되나니, 마음을 여의고는 연이 일어나지 않는다.

　여시과(如是果) : 원인(因)에 의해 얻게 되는 결과(果)이다. 선인선과(善因善果) 악인악과(惡因惡果)이다.

　여시보(如是報) : 보(報)는 직접적인 원인에 의해 받는 것이 보가 된다. 한 생각 마음이 바르면 미묘한 보(報)를 받게 되고 한 생각 마음이 삿되면 좋지 못한 보를 받게 된다.

　여시본말구경등(如是本末究竟等) : 상(相)이 본(本)이 되고 보(報)가 말(末)이 된다. 근본(本)과 끝(末)이 끝내 동등하다는 뜻이다. 실상(實相)을 여실히 드러내심이 곧 십여시(十如是)이다.

어떤 상(相) 성(性) 체(體) 역(力) 작(作)과 인연과보(因緣果報)가 본말구경등(本末究竟等)이니 중도실상(中道實相)인 것이다. 십법계(十法界)가 십여시를 벗어날 수 없다. 어떤 십여시(十如是)든지 종귀어공(終歸於空)이다.

온갖 법이 십여시를 벗어날 수 없다. 온갖 법이 곧 십여시요 실상(實相)이니 끝내 구경등(本末究竟等)이다. 십여시가 곧 제법실상(諸法實相)이요, 제법실상이 곧 십여시이다.

제법실상은 일체 언사와 모양이 끊어진 법이나 제법실상을 문자로써 드러내심이 곧 십여시의 법문이다. 십계의 십여시는 범부와 성인이 모두 한마음이어서 따로이 법은 없다.

여제보살(與諸菩薩)　급성문중(及聲聞衆)
승차보승(乘此寶乘)　직지도량(直至道場)
이시인연(以是因緣)　시방제구(十方諦求)
갱무여승(更無餘乘)　제불방편(除佛方便)

모든 보살과 더불어 성문의 무리들이

이 보배 수레를 타고 바로 도량에 이르느니라.
이러한 인연으로 시방세계를 살펴 구할지라도
다시 다른 승은 없나니 부처님의 방편은 제외하느니
라.   (비유품)

일불승법(一佛乘法)은 평등대혜(平等大慧) 교보살법(教
菩薩法)이요 불소호념(佛所護念)하시는 법이다. 이승도
없고 삼승도 없느니라.

일불승법(一佛乘法)은 법일(法一)에 해당되고
평등대혜(平等大慧)는 이일(理一)에 해당되고
교보살법(教菩薩法)은 인일(人一)에 해당되고
불소호념(佛所護念)은 교일(教一)에 해당된다.
사일(四一)은 방편품의 특성교리이다.

일색일향(一色一香)이 중도 아님이 없다. 하나의 중도
는 모든 것의 중도이니(一中一切中) 비로자나불(毘盧遮
那佛)은 어디서나 언제든지 두루하심이다.

정직사방편(正直捨方便) 단설무상도(但說無上道)

바르고 곧게 방편을 버리고 다만 무상도를 설하노라.
   (방편품)

심야묘법(心也妙法) 마음이 곧 묘법이요, 묘법이 곧 마음이다. 마음을 떠나 별도로 묘법은 없다.

인법일여(人法一如)라 모든 보살과 모든 부처님과 묘법연화경이 하나와 같다. 일여(一如)이다. **기법일체(機法一體)**라. 중생의 근기와 묘법연화경이 한 몸이라는 뜻이다.

마음이 곧 묘법이요, 경전의 한 자 한 자가 곧 자성불(自性佛)이다.

"나무묘법연화경(南無妙法蓮華經)"하고 제목을 부름은 곧 자성불에 귀의함이요 시방 제불께 귀의함이 된다. 마음과 부처와 묘법이 삼무차별(三無差別)이다.

선종(禪宗)에서 마음이 곧 부처라 함도, 견성성불(見性成佛)이라 함도, 묘법연화경의 제법실상(諸法實相)의 도리를 뛰어넘는 것이 아니다. 제법실상이란 마음의 참모습이요 여여(如如)한 부처님의 성품이다. 제법실상은 법화경의 근본 교리(敎理)이다. 제법실상을 깨달아 증득함이 곧 즉신성불(卽身成佛)이다. 선종의 견성성불의 도리도 제법실상과 뜻이 다르지 않다. 시방 제불께서 제법실상을 깨달으시고 성불하셨고 또한 모든 중생이 제법실상을 깨달아 증득하고는 성불할 것이니 제법실상(諸法實相)은 모든 부처님의 구경각(究竟覺)의 무상도(無上道)이다.

약유문법자(若有聞法者) 무일불성불(無一不成佛)

만약 이 법을 듣는 자 성불 못함이 하나도 없으리라.
  (방편품)

오역죄인 제바달다(提婆達多)도 천왕여래(天王如來) 기별(記莂) 받고 팔세 용녀(龍女)도 돈초(頓超) 변성정각(便成正覺)함이 곧 법화경의 위대한 힘이라 지금 우리들도 이 경전을 믿고 따르면 성불 못함이 하나도 없다 하신 것이다.

세상에 출현하시는 부처님의 법이 각각 다르다면 중생들이 얼마나 혼돈이 일어나겠는가. 모든 부처님의 법이 한결같으니 한 부처님의 법이 시방 제불의 법이다.

마음의 참모습(實相)은 무상불상(無相不相) 불상무상(不相無相) 명위실상(名爲實相) 실상은 모양이 없기에 모양이 아니고 모양이 아니기에 모양이 없어 실상이라 이름하느니라.   (무량의경)

마음의 참모습이 곧 실상이요, 실상은 색상(色相)이 아니다. 실상의 당체가 묘법연화경이다. 이런 까닭에 심야묘법(心也妙法)이라 한 것이다. 마음의 참모습을 깨달으면 묘법을 깨달음이요, 제법실상을 깨닫는 것이다. 이런 사람은 즉신성불(卽身成佛)함이 결정코 의심이 없으리라.

선종에서 견성성불(見性成佛)한다 함은 저마다 참성품을 깨달아 성불함이요, 법화경의 제법실상을 깨달아 즉신성불(卽身成佛)함과 다를 바가 없다.

참선 염불 경전독송 다라니 암송 등 모든 수행이 곧 자성을 드러내어 깨닫는 과정이다.

욕령일체중(欲令一切衆) 여아등무이(如我等無異)

일체 중생으로 하여금 나와 같아 다름이 없게 하여지이다. 부처님께서 세운 서원이시다. 제법실상은 부처님과 중생이 무등등(無等等)이다.

법화경 본문(本門)의 뜻은 자성을 깨달아 비로소 성불하는 것이 아니라, 구원겁(久遠劫) 전(前)에 이미 성불하고 있음을 깨닫는 법문이다. 보리수 밑에서 육년간 고행하시고 시성정각(始成正覺)하신 것이 아니라 이미 구원겁 전에 성불한 구원본불(久遠本佛)임을 밝히신 것이다. 불교의 뿌리를 드러내시고 불교가 세상 끝까지 존재할 가치성을 밝히신 최첨단(最尖端)의 법이요, 가장 요긴한 진리이다.

자성을 깨달아 비로소 성불하는 것이 아니라 구원겁 전부터 성불해 옴을 깨달아야 한다. 중생이 성불한다는 것은 자신 가운데 머물고 있는 부처를 회복하는 것이다. 불성회복(佛性回復)함이 가장 시급한 일이다.

법화경 여래수량품이 위대하고 거룩한 최첨단의 법이요, 모든 부처님의 정요(精要)요, 골수(骨髓)이다. 불법 가운데 여래수량품이 없다면 뿌리 없는 나무와 같고, 근원이 없는 물과 같고, 하늘에 태양이 없는 것과 같고, 나라 안에 임금이 없는 것과 같고, 가정에 부모가 없는 것과 같고, 사람에게 혼(魂)이 없는 것과 같다.

법화경 적문(迹門)에서 밝히신 제법실상(諸法實相)의 도리를 살펴보면 시법불가시(是法不可示) 언사상적멸(言辭相寂滅) 이 법은 가히 보일 수 없고 말과 형상이 적멸이다.

승차보승(乘此寶乘) 직지도량(直至道場)
이 보배 수레를 타고 곧게 도량에 이른다.

무가보주(無價寶珠) 불구자득(不求自得)
값도 없는 보배 구슬을 구하지 않아도 저절로 얻었다.

일상일미지법(一相一味之法) 소위(所謂) 해탈상(解脫相)
이상(離相) 멸상(滅相) 구경열반(究竟涅槃)
상적멸상(常寂滅相) 종귀어공(終歸於空)

한 모양 한 맛의 법은 소위 해탈의 모양 여읜 모양 멸함의 모양 구경 열반이요 항상 적멸의 모양이라 끝내 공으로 돌아가느니라.

위의 경전의 말씀은 한결같이 유일불승(唯一佛乘)의 제법실상(諸法實相)을 드러내신 말씀이요, 즉신성불(即身成佛)의 뜻을 담고 있다. 헌대 화두 안 들면 성불 못한다는 말이 정당한가. 경전의 제법실상을 깨달아 증득하면 성불 못함이 하나도 없으리라는 부처님의 금언(金言)은 어떻게 할 것인가 묻고 싶다. 화두를 천만번 독파한다 해도 제법실상(諸法實相)을 뛰어넘는 경우는 있을 수 없으리라. 왜냐하면 법화경의 제법실상은 시방 제불의 구경각(究竟覺)이기 때문이다. 성철 큰스님께서 열반하시기 얼마 전에 이제 법화경을 공부할 때가 되었다는 법문 테이프를 들은 적이 있다. 말법시대의 적기대법이 곧 법화경이다.

시아방편(是我方便) 제불역연(諸佛亦然)
금위여등(今爲汝等) 설최실사(說最實事)

이는 나의 방편이라 모든 부처님도 또한 그러하신다. 이제 너희들을 위하여 가장 진실된 일을 설하노라. 가장 진실된 일이란 제법실상(諸法實相)의 도리이며 모든 중생이 성불하는 법이다. 법화경 한 자 한 자는 곧 법신불(法身佛)의 당체이다. 모든 부처님의 성제지어(誠諦之語)이시다. 성제지어란 성실하고 자세하고 진실한 말씀이며, 구경의 법이라는 뜻이다. 그리고 모든 부처님의 혼(魂)이요, 모든 부처님의 정요(精要)이며, 모든 부처님의 골수(骨髓)이며, 모든 부처님의 일대사인연(一大事因緣)이다.

경전은 부처님의 말씀이고 참선은 부처님의 마음이다라고 선객(禪客)들이 말하고 있다. 모두 헛소리다. 말씀과 마음이 어떻게 다른지 묻고 싶다.

법화경(法華經)으로부터 부처님의 삼종신(法報化)이 난다고 하셨도다. 구경의 진리는 일체어언도단(一切語言道斷)이요 심행처멸(心行處滅)이라, 하지만 말이나 글이 아니면 구경의 진리를 드러낼 수 없기 때문에 부득이 십여시(十如是) 사불지견(四佛知見)으로 제법실상(諸法實相)을 드러내신 것이다.

세상에 있다는 온갖 모든 것의 참모습을 설하심이 곧 법화경이요, 중생성불의 직도(直道)요, 혈맥(血脈)이다.

제법실상을 진여법성(眞如法性)이라 하고, 허공법신(虛空法身)이라 하고, 제일의제(第一義諦)라 하고, 여래(如來) 여여(如如)라 하기도 하니, 모두가 제법실상의 이명(異名)이다. 제법실상의 도리에서 보면 번뇌즉보리(煩惱卽菩提)요, 생사즉열반(生死卽涅槃)이요, 사바즉적광(娑婆卽寂光)이다.

제법실상이란 구경열반(究竟涅槃)이요, 상적멸상(常寂滅相)이다. 이런 도리를 두고 일체어언도단이요 심행처멸이라 하신 것이다. 한마디로 우리의 본성품이다. 본래성품(本來性品)은 불타(佛陀)이고 묘법연화경 당체인 것이다.

염화미소(拈花微笑)

선종(禪宗)에서 선의 기원을 설명하기 위하여 전해지는 이야기이다.

석가 세존께서 어느 때 영산회상에서 법좌에 오르시어 꽃 한송이를 들고 말없이 대중을 보셨다. 이에 아무도 여기에 응하는 이가 없었고 마하가섭만이 부처님을 참뜻을 깨닫고 살며시 웃었다고 한다. 이에 세존께서는 나에게 정법안장(正法眼藏) 열반묘심(涅槃妙心) 실상무상(實相無相) 미묘법문(微妙法門)이 있으니, 이제 마하가섭에게 부축하노라고 하셨다고 한다.

교학(敎學)에 대항하기 위해 만든 것으로서 이심전심(以心傳心)의 뜻을 전하고자 한 것으로, 대범천왕문불결의경(大梵天王門佛決義經)은 이 이야기의 근거를 짓기 위한 것으로 후세에 지은 것이라 한다.

※ 염화미소의 이야기를 담고 있는 대범천왕문불결의경은 위경(僞經)이거나 혹은 방편경(方便經)에 속하는 내용이다.

한 법도 마음으로부터 생기지 아니함이 없다. 성품(性品)이 공(空)한 줄 알아서 얽매이지 아니하면 비록 거짓(假)을 반연한다 해도 집착이 없을 것이며, 있음과 없음의 경계(境界)를 둘 다 비추면 중도(中道)를 관찰하는 마음이 분명하리라.   (종경록)

중도실상(中道實相)이 곧 여래(如來)이니라. 마음의 참모습(實相)이 곧 여래(如來)이니라. 중도실상 모든 법이 참모습이니, 저마다 한마음의 참모습이니라. 제상(諸相)이 비상(非相)인 줄 알면 즉견여래(卽見如來)라 하셨다. 온갖 상(相)을 여읨을 곧 모든 부처님이라 한다. 눈을 뜨고 눈을 감을 적마다 모든 부처님이 앞에 나타남이니라.

온갖 만물이 허공을 의지하듯이
모든 부처님 여래의 몸은 허공과 같아
중생(衆生)을 떠나지 않느니라. 허공은 모양이 없으나

만물이 모두 의지하듯 여래는 허공과 같아 중생의 의지처이니라.
여래는 그대를 여의지 않느니라.

불신충만어법계(佛身充滿於法界)
부처님의 몸이 법계에 가득 차서

보현일체중생전(普現一切衆生前)
모든 중생의 앞에 널리 나타내어

수연부감미부주(隨緣赴感靡不周)
인연 따라 나아가며 모두 두루하면서도

이항처차보리좌(而恒處此菩提座)
이 보리좌(菩提座)에 항상 계시네.
　　(화엄경)

시방 제불의 성품이 나에게 들고
또 다시 나의 성품과 합치도다.

중생을 제도하기 위하는 까닭으로 방편으로 열반을 나타내건마는
진실로는 열반하지 않고 항상 여기 머물면서 법을 설하느니라.　　(자아게)

묘법(妙法)의 양약(良藥)을 먹기만 하면 중생의 전도(顚倒)된 병은 반드시 나으리라. 묘법연화경(妙法蓮華經)은 성태(聖胎)를 길러내는 자궁(子宮)이다.

심야묘법(心也妙法)이라 묘법(妙法)의 제목을 외울 때 회광반조(回光返照)하는 마음이 곧 자성(自性)이니라. 근본 마음을 곧 묘법(妙法)이라 하고 제법실상(諸法實相)이라 하느니라. 육신(肉身)은 무정(無情)이라, 이 육신을 운전하는 당체가 곧 마음이요 근본이니라. 마음의 작용이 불가사의(不可思議)함을 곧 묘법연화경(妙法蓮華經)이라 하느니라.

만약 색신(色身)이 가고 오고 앉고 눕고 보고 듣고 한다면 시체도 이렇게 해야 함이라. 색신(色身)을 운전하는 그 놈이 곧 주인공인 마음이니라. 눈으로 가면 보는 성품, 귀로 가면 듣는 성품, 코로 가면 향기 맡는 성품, 혀로 가면 맛보는 성품, 피부로 가면 촉감이요, 마음으로 가면 느끼는 성품이 곧 불성(佛性)이요 참 성품이니 이를 실상(實相)이라 하나니, 실상은 모습 없는 모습이되 모습이 아님이 없음이라. 이렇게 해도 자신의 자성(自性)을 깨닫지 못한다면 실로 애석한 일이다.

마음이란 보지 못하되 못 보는 것이 없고,
마음이란 알지 못하되 알지 못하는 것이 없고,
마음이란 모양이 없되 모양 아님이 없다.

　배고프면 먹고 싶고 피곤하면 쉬고 싶은 평상심이 곧 도(道)라 한다.

　마음은 두 가지가 있는데 진여심(眞如心)과 생멸심(生滅心)이다. 진여심(眞如心)은 본래부터 청정이요, 본래부터 열반적정(涅槃寂靜)이요, 본래부터 생멸(生滅)이 없고, 본래부터 변화(變化)가 없다.

　생멸심(生滅心)은 진여심(眞如心)에서 일어난 한 생각이다. 진종일 생주이멸(生住異滅)하는 마음이 곧 생멸심(生滅心)이다. 진여심과 생멸심은 불이(不二)요 중도실상(中道實相)이다. 진여심은 바다와 같고 생멸심은 파도와 같다. 바다와 파도는 같은 물이다. 바다가 있기에 파도가 있다. 파도는 애쓰지 않아도 바다가 된다. 진여심은 나무의 뿌리와 같고 생멸심은 나무의 가지와 같다. 진여심과 생멸심도 이와 같다. 이와 같은 도리를 무량의경(無量義經)에서 말씀하셨다.

무량의자(無量義者)　종일법생(從一法生)
기일법자(其一法者)　즉무상야(卽無相也)
여시무상(如是無相)　무상불상(無相不相)
불상무상(不相無相)　명위실상(名爲實相)

무량의는 하나의 법으로 좇아 났으며,
그 하나의 법은 곧 형상이 없음이니

이와 같이 형상이 없는 것은
형상도 없으며 형상도 아니니
형상이 아니기에 형상이 없으므로
실상이라 이름하느니라.

시법(是法) 비사량분별(非思量分別) 지소능해(之所能解) 유유제불(唯有諸佛) 내능지지(乃能知之)

이 법이란 소위 제법실상(諸法實相)의 법이요, 유일불승(唯一佛乘)의 법이다. 제법실상(諸法實相)의 도리는 일체어언도단(一切語言道斷)이요 심행처멸(心行處滅)이라 한다. 말씀으로 드러낼 수 없고 마음으로 헤아려 분별할 수 없는 법이다. 오직 부처님과 더불어 부처님만이 궁구하여 다하신 법이라는 말씀이다. 모든 부처님께서 제법실상을 깨달으시고 여래십호(如來十號)를 얻으셨고, 또한 모든 중생이 제법실상인 마음의 참모습을 깨달아 불도를 이룰 것이다.

부처님께서 사리불에게 이르시기를, 지(止) 지(止) 불수부설(不須復說) 그만 그만두어라. 다시 말하지 말지니라.

부처님께서 절언탄(絶言歎)을 쓰심에 상근기(上根機)는 제법실상의 도리를 깨닫게 된다. 구경의 진리는 말길이 끊어졌음이니라. 제법실상이란 마음의 참모습이다. 마음의 참모습은 무상불상(無相不相)이요 불상무상(不相無相)이다.

실상(實相)은 모든 부처님의 구경각(究竟覺)이다. 실상은 구경열반(究竟涅槃)이요 상적멸상(常寂滅相)이다.

지 지 불수부설(止 止 不須復說) 그만 그만두어라. 다시 말하지 말지니라.

성인(聖人)은 집착하는 생각(著想)이 없느니라. 범부(凡夫)는 전도(顚倒)된 생각에 빠져 있으나 성인(聖人)은 전도(顚倒)된 생각이 이미 없느니라. 범부(凡夫)는 마음 밖의 경계(境界)에 집착하고 성인(聖人)은 항상 마음을 취(取)한다. 성인(聖人)의 마음은 앎이 없되, 알지 못함이 없다.

천년(千年)의 어둠도 등불이 켜졌을 때 바로 사라지리라. 백천만 겁의 오랜 어둠도 일실관(一實觀)으로써 곧 다 소멸해 버리느니라. 등불은 성인(聖人)의 지혜요, 어둠이란 모든 번뇌의 업(業)이다. 일실관(一實觀)이란 곧 마음일 뿐인 참된 관(觀)이니 마음을 여읜 그 밖에는 모두 헛된 환상이 되기 때문에 일실(一實)의 경계(境界)라 한다. 또한 실상(實相) 실지(實地) 실제(實際) 실법(實法)이라고 하며 불지견(佛知見)과 성인(聖人)의 지혜(聖知慧)라고 한다.

이 한마음의 법(法)으로 번뇌의 병을 다스리나니, 마치 열병(熱病)에 걸린 사람이 땀을 흘리면 저절로 낫지 아니함이 없는 것과 같다. 중생(衆生)이 온갖 것에 집착하고 있으나 끝내 공(空)으로 돌아감이니라. 전도(顚倒)된 생각은 진실(眞實)이 없다. 필경귀어공(畢竟歸於空)

본래자성(本來自性)은 청정심(淸淨心)이요 불변(不變)이요 불생불멸(不生不滅)이요 불래불거(不來不去)요 여여(如如)할 뿐이다. 이러함을 제법실상(諸法實相)이라 하고 진여법성(眞如法性)이라 하고 제일의제(第一義諦)라고 한다.

집착하는 마음을 끊으면 도(道)는 저절로 이루어질 것이다. 곳곳마다 애착(愛著)함에서 모든 고통이 생기게 되니 집착심은 고통의 근본이 되는 것이다. 방하착(放下著)이라고 선지식(善知識)은 이르셨다. 애착(愛著)하는 마음만 여의면 고통은 저절로 사라진다. 집착하는 마음도 공(空)이요, 마음에서 생긴 고통도 공(空)이요 허망하여 실체가 없는 것이다. 전도(顚倒)된 마음에서 애탐이 생기고 애탐에서 고통이 생기는 것이니, 애탐하는 마음만 여의면 고통은 저절로 사라진다. 본래부터 성품(性品)이 청정(淸淨)함을 알면 원교(圓敎)보살의 보리심(菩提心)이라 했다. 지혜(智慧)의 불이 업(業)을 태우게 된다. 하나의 등불이 한순간에 어둠을 온통 깨뜨리듯이 모든 업(業)을 깨뜨리게 된다.

보리심(菩提心)은 어둠을 깨뜨리는 등불과 같다. (종경록)

수의방편사(隨宜方便事) 무부제의혹(無復諸疑惑)

심생대환희(心生大歡喜) 자지당작불(自知當作佛)

마땅함을 따라 방편으로 설하심을 너희들은 이미 알았으니 다시 모든 의혹을 없애고 크게 환희하는 마음을 내어 스스로 마땅히 부처님 됨을 알지니라.　(방편품)

유일승법(唯一乘法)을 타고 불도(佛道)에 들게 됨을 스스로 마땅히 알아라는 부처님의 금언(金言)이시다. 오직 일불승인 제법실상(諸法實相)을 깨달아 증득함으로써 불도에 들게 된다는 말씀이다. 모든 부처님께서 일승원교(一乘圓敎)로써 불도를 이루셨고 모든 보살이 또한 이 법으로써 불도를 얻게 될 것이다. 승차보승(乘此寶乘) 직지도량(直至道場)함이니라. 묘법(妙法)을 타고 직지도량(直至道場)이라, 마치 어떤 손님이 여관에 기숙할 적에 잠시 머물렀다가 떠나가는 것이요, 여관 주인은 가는 일이 없으므로 주인이라 한다. 참성품은 주인(主人)이요, 한 생각이 일어났다 사라짐은 손님과 같다. 법을 굴리되 굴림을 당하지 말라. 달을 가리키는 손가락을 보지 말고 달을 보라. 달을 가르치는 손가락만 보면 달도 잃고 손가락도 잃게 된다. 경전의 말씀을 통하여 자성을 보고 깨달을지니라.

심불급중생(心佛及衆生) 이삼무차별(而三無差別)

마음과 부처와 중생 이 셋은 차별이 없다.
　　(화엄경)

원교(圓教)의 입장에서 보면 마음과 부처가 한결같이 묘법(妙法)과 차별이 있을 수 없다. 마음이 곧 이미 이루고 있는 부처요, 마음이 곧 묘법연화경(妙法蓮華經)이다. 따라서 묘법(妙法)을 받아 지닌 자 이미 부처님을 뵈온 자요, 묘법(妙法)과 일체(一體)가 된 자이다. 내 마음 가운데 이미 달을 품고 있는 자다. 마음 밖에 달도 아니고 손가락도 아니다.

이미 이루고 있는 부처로서 "나무묘법연화경(南無妙法蓮華經)" 제목을 불러가고 불러올 뿐이다. 이런 도리를 인법일여(人法一如) 기법일체(機法一體)라 한다. 믿기 어렵고 이해하기 어려운 심심미묘(甚深微妙)하고 불가사의한 법이다. 묘법(妙法)이 달 자체요 마음이다.

유일승법(唯一乘法)인 묘법(妙法)의 입장에서 보면 묘법(妙法)이 곧 달이요, 곧 손가락이다. 별도로 달과 손가락이 있다면 이는 방편법(方便法)의 입장일 것이다. 이미 내 자신 가운데 밝은 달이 빛을 내고 있는 것이다. 마음이 곧 묘법(妙法)이요 부처요 심심미묘법(甚深微妙法) 당체이다. 부처님의 마음이 곧 묘법(妙法)일 뿐이다.

그대여, 네 마음이 본래 묘(妙)하고 밝고 청정하건마는 네가 경계(境界)에 눈을 팔아 혼미하고 답답하여 본래 묘(妙)한 것을 잃어버리고 생사(生死)의 바퀴돌이에 빠졌나니 그러므로 여래는 너를 가련하다고 하느니라.

법화경(法華經)은 실상(實相)에 드는 직도(直道)요, 불지(佛地)에 드는 정도(正道)이다. 경에서 이 보배수레는 바람같이 빠르다 하셨느니라.

⊙ **행보평정(行步平正) 기질여풍(其疾如風)** 걸음이 평탄하고 바르며 바람같이 빠르고, 일불승(一佛乘)의 제법실상(諸法實相)의 도리는 평탄하고 바르며 중생이 성

불함이 바람같이 빠르다는 뜻이다.

중생의 성불이 빠른 묘법(妙法)을 믿지 않고 등진다면 범부(凡夫)의 전도(顚倒)된 생활이 기다리고 있을 것이다. 어떤 고통이 오고 어떤 유혹이 오더라도 묘법(妙法)을 배신하지 말라. 값도 모를 여의보주(如意寶珠)를 잃게 됨이니라. 반면에 이 묘법(妙法)을 받아 지니고 믿고 따르는 자는 바다와 같은 넓고 깊은 공덕을 성취(成就)함이니라. 멀지 않아 여래십호(如來十號)를 얻으리라.

법화경(法華經)의 당체인 제법실상(諸法實相)을 가볍게 여기지 말라. 제불(諸佛)을 낳는 모태(母胎)이니라. 모든 부처님께서 이 대승경으로부터 삼종신[법보화(法報化)]을 얻으셨느니라. 삼세제불(三世諸佛)께서 존경하고 호념(護念)하시는 바가 곧 법화경(法華經)이니라. 법화경은 제불출세본회설(諸佛出世本懷說)이니라. 어떤 사람이 법화경을 헐어 비방하면 불종자(佛種子) 단절(斷切)함이 되느니라. 무상도인 묘법(妙法)은 모든 부처님의 법재(法財)이니라. 저마다 마음의 참모습을 드러내신 경이니라. 만일 마음의 실제(實際)를 알면 온갖 것에서 얻을 바가 없으며, 얻을 바 없는 가운데서 가이 없는 불사(佛事)를 이룩하는 것이니라.

부처님께서 대장엄보살과 팔만 보살에게 말씀하시되,

「선남자여, 한 법문이 있으니 능히 보살로 하여금 빨리 아뇩다라삼먁삼보리를 얻게 하느니라. 만약 어떤 보살이 이 법문을 배우는 자는 곧 능히 아뇩다라삼먁삼보리를 빨리 얻으리라.」

「세존이시여, 이 법문의 이름은 어떠한 것들이며 그 뜻은 어떠하며 보살이 어떻게 수행하나이까.」

부처님께서 말씀하시되, 「선남자여, 이 한 법문의 이름은 무량의(無量義)라 하나니 보살이 무량의란 것을 닦아 배움을 얻고자 하거든 응당 일체 법이 본래부터 지금까지 오면서 성품과 형상이 공적(空寂)하여 큰 것도 없고 작은 것도 없으며, 나는 것도 없고 멸하는 것도 없으며, 머무르지도 않고 움직이지도 아니하며, 나아가지도 않고 물러서지도 않으며, 마치 허공과 같아서 두 가지 법은 있을 수 없다고 관찰할지니라. 그러나 모든 중생은 허망하고 비뚤어지게 헤아려서 이것을 이것이라 이것을 저것이라 하며, 이것을 얻었다 이것을 잃었다 하며, 착하지 못한 생각을 일으키어 여러 가지 악한 업을 지어서 여섯 갈래로 윤회(輪廻)하며 여러 가지 독한 괴로움을 갖추어서 한량없는 억겁을 능히 스스로 나오지 못함이라.

보살마하살은 이와 같이 자세히 관(觀)하여 불쌍히 여기는 마음을 내어 큰 자비심을 일으키고 장차 구원하여 빼내고자 하며 또 다시 일체의 모든 법에 깊이

들게 하고자 할지니라.」

조사(祖師)스님께서 무념(無念) 무주(無住) 무상(無相)으로 종지(宗旨)를 삼게 하였으니 한결같이 마음의 참모습(實相)을 두고 하신 말씀이다. 제법실상(諸法實相)의 법은 시방 제불의 구경각(究竟覺)이다. 따라서 법화경은 제법실상을 당체로 삼기 때문에 모든 경전 가운데서 가장 제일이 되고 군왕이 되는 것이다. 법화경은 병든 자에게는 양약(良藥)이 되고 굶주린 자에게는 왕선(王膳)이 되나니, 밤길 가는 자에게는 등불이 됨이니라. 금생(今生)에 묘법(妙法)을 만났을 적에 이 몸을 제도하지 못한다면 또 어느 생을 기약하리오. 광음(光陰)은 흐르는 물과 같고 젊음은 시위를 떠난 화살과 같으니라. 제불(諸佛)의 구경각(究竟覺)을 만났을 때 신명(身命)을 가벼이 하고 묘법(妙法)을 닦고 깨달아 불도(佛道)를 이룰지니라.

옥(玉)으로 된 좌대에 앉아 백년 영화를 누린다 해도 이 몸이 떠나려 할 때 아무런 소득이 없느니라. 묘법(妙法)을 굳은 신심으로 삼일간 닦은 공덕은 천년의 보배라 하셨느니라. 금생(今生)에 닦은 선근공덕(善根功德)으로 다음 생에 인천(人天)의 스승이 되리라.

팔만사천(八萬四千)의 법문(法門)이 모두 마음의 사연을 밝히신 것이다. 마음을 깨달음은 모든 법문(法門)을 깨달음이 된다. 묘법연화경(妙法蓮華經)도 마음의 참모습(實相)을 밝히신 경전이다. 이런 까닭으로 심야묘법(心也妙法)이라 하셨고 이 법은 부처님과 더불어 부처님만이 궁구하여 다하신 법이라 하셨다.

마음이 밝으면 모든 법계(法界)가 밝을 것이고 마음이 미혹하면 모든 생각이 전도(顚倒)되어 광란이 일어나게 된다. 묘법연화경(妙法蓮華經)은 불가사의(不可思議)의 미묘한 법문이라, 마음의 참모습을 부처님의 금언(金言)으로써 드러내신 경전이다. 불가사의 미묘한 법문이란 소위 제법실상(諸法實相)의 도리이다. 부처님께서 구경의 진리를 말씀으로 드러낼 수 없기 때문에 지지 불수부설(止止 不須復說) 그만 그만두어라. 다시 말하지 말지니라. 하고 절언탄(絶言歎)을 쓰셨고, 달마대사(達磨大師)는 면벽구년(面壁九年)을 하셨고, 유마거사는 입을 다무셨던 것이다. 이는 모든 마음의 참모습(實相)을 밝히신 것이다.

법(法)이란 곧 중생심(衆生心)이니라. 행하는 바가 모두 마음이거늘 어찌 다른 방소이겠는가.

일체의 모든 법은 공(空)하여 있는 바가 없고
항상 머물러 있음도 없고 또한 일어나고 멸함도 없으니
이것이 지혜로운 자의 친근할 곳이라 이름하느니라.

뒤바뀐 마음으로 모든 법이 있다 없다
이는 실상이다 실상 아니다
이는 난다 나지 않는다 분별하니
한적한 곳에 있으면서 그 마음 닦아 다스리고
편안히 머물러 움직이지 않기를 수미산과 같이 하며
일체 법을 관(觀)하되 모두 있는 바가 없으니
마치 허공과 같아서 견고함이 있을 수 없으며
불생불출하고 부동불퇴하여
항상 한 모양(一相)에 머문다 함을
이것을 친근할 곳이라 이름하느니라.   (안락행품)

모든 법의 참모습(實相)을 분명하게 통달하면, 자신의 성품(性品)이 평등(平等)하여 마치 허공과 같아서 두 모양이 없느니라. 무분별지(無分別智)가 항상 앞에 나타나느니라.   (종경록)

마음이란 제법(諸法)의 총지(總持)의 문이 되고 만유(萬有)의 진실한 성품이 되나니, 그러므로 제일의제(第一義諦)이니라.   일념중(一念中)에 팔만사천(八萬四千)의 바라밀(波羅蜜)이 완전히 갖추고 있느니라.   (인왕경)

일상일미지법(一相一味之法)이란 제법실상(諸法實相)이니라. 모든 법의 참모습이 곧 한 모양 한 맛의 법이니라.

　한마음이 청정법계(淸淨法界)인 줄 알아라. 이러함이 마음의 자재함이니라. 제불의 해탈은 중생의 심행(心行) 중에서 구하라.　　(정명경)

　온갖 지은 선악(善惡)의 업(業)은 모두 마음으로부터 생기는 것이다. 탐진치(貪瞋癡)의 삼독(三毒)의 불이 일어나는 것은 마음의 참모습에 미혹하기 때문이다. 그대 가운데 불국토가 장엄되어 있고 청정법계(淸淨法界)가 구족되어 있으나 번뇌의 구름이 덮었을 뿐이다.

　마음이란 모든 법의 실체이다.
　마음이란 모습 없는 모습으로 색상(色相)이 아니다.
　마음이란 큰 것도 아니요 작은 것도 아니고
　마음이란 편안함도 아니고 불편함도 아니고
　마음이란 귀한 것도 아니고 천한 것도 아니다.
　마음이란 옳은 것도 아니고 그른 것도 아니다.
　마음이란 붉은 것도 아니고 노란 것도 아니다.
　마음이란 흰 것도 아니고 가지가지 색깔도 아니다.

　이러함을 제법실상(諸法實相)이라 하고, 진여(眞如)라 하고, 제일의제(第一義諦)라 하고, 허공법신(虛空法身)이라 하고, 여래장(如來藏)이라 한다.

마음과 부처와 묘법(妙法)이 개성불도(皆成佛道)의 묘법연화경(妙法蓮華經)이니라.

마음은 법의 근본이 되므로 성인(聖人)도 되고 범부(凡夫)가 되기도 한다.

마음에서 악(惡)이 생기면 지옥(地獄)이 되고

마음에서 선(善)이 생기면 천당(天堂)도 된다.

마음이 육신(肉身)의 시종이 되면 바퀴도리에 빠지게 되고

마음이 육신(肉身)의 주인이 되면 생사의 강을 건너게 된다.

심성을 보게 됨을 구경각(究竟覺)이라 이름한다.

　　기신론(起信論)

제법(諸法)이 그대의 참모습(實相)이니 진실이고 다른 둘은 진실이 아니다. 만약 색상(色相)으로 부처님을 보려 한다면 이는 사도(邪道)를 행하는 자이다.

십이부경(十二部經)이 한결같이 마음에서 출생하느니라.

온갖 법의 모양이 없는 것(無相)이 곧 부처의 참 본체(本體)이다.

중생의 경계가 곧 부처님의 경계요, 부처의 경계가 곧 법의 경계이다. 법의 경계 이외에는 다른 법은 없다.   (화엄경)

제법종본래(諸法從本來) 상자적멸상(常自寂滅相) 모든 법이 본래부터 항상 스스로 적멸상이다. 그대의 자성은 구하지 아니해도 항상 저절로 적멸의 모습이다.

무가보주(無價寶珠) 불구자득(不求自得) 값도 모를 보배 구슬을 구하지 아니해도 저절로 얻었다.

중도실상(中道實相) 이외는 모두가 마군(魔軍)의 짓이다.

「마음이 바로 부처다」고 함의 뜻을 알지 못하겠습니다 함에 마조선사 왈 "알지 못하겠다는 그대의 마음이 바로 그것이다." 깨친 것과 깨치지 못한 것은 마치 손이 주먹이요 주먹이 손이다와 같은 것이다.

중도실상이란 마음의 참모습을 두고 일컫는 말씀이다. 마음 밖에는 따로 부처가 없고 부처 밖에는 따로 마음이 없다. 자기 마음이 항상 스스로 적멸(寂滅)의 모습이니, 별도로 부처를 찾지 말라. 천경만론(千經萬

論)이 모두가 마음의 사연이다.

마음이 곧 묘법(妙法)이요, 묘법(妙法)이 곧 마음이다.
마음과 묘법(妙法)이 일여(一如)이요 일체(一體)이다.
마음을 떠나 묘법(妙法)을 구하지 말고 묘법(妙法)을
떠나 마음을 구하지 말지니라.

일상일미지법(一相一味之法)

견성즉성불(見性即成佛)

성불즉견성(成佛即見性)

일상일미지법(一相一味之法) 소위해탈상(所謂解脫相) 이상(離相) 멸상(滅相) 구경열반(究竟涅槃) 상적멸상(常寂滅相) 종귀어공(終歸於空)

여래는 이 한 모양 한 맛의 법을 아나니, 이른바 해탈의 모양, 여의는 모양, 멸하는 모양이며 궁극의 열반인 적멸한 모양이니 마침내 공으로 돌아가느니라. (약초유품)

법화경 약초유품의 이 말씀은 제법실상(諸法實相)의 도리를 여실히 드러내신 내용이다. 일상이란 무상(無相)이다. 실상은 어떤 모양이 아니다. 한 맛이란 대평등의 법이다. 실상은 어떤 차등이 없다. 따라서 일상일미지법(一相一味之法)이란 제법실상을 두고 하신 말씀이다. 세상에 있다는 온갖 모든 것의 참모습을 제법실상이라 한다.

이상(離相) 멸상(滅相) 역시 실상의 다른 이름이다. 실상은 모든 모양을 여읜 것이요, 멸상 역시 있다는 모든 경계를 멸한 것이다. 구경열반(究竟涅槃)이란 세상에 있다는 모든 것이 끝내 열반의 모습이란 뜻이다. 세상 모든 모습이 곧 열반의 성품이다. 상적멸상(常寂滅相)이라, 항상 적멸의 모양이란 역시 제법실상을 두고 하신 말씀이요, 저마다 자성(自性)인 마음의 참모습이 항상 스스로 적멸의 모습이다. 종귀어공(終歸於空)이라, 끝내 공으로 돌아간다 하심도 제법실상의 도리이며, 허공법신(虛空法身)으로 돌아간다는 뜻이다. 제법실상(諸法實相)은 시방 모든 부처님의 구경각(究竟覺)이다.

제법실상은 상자적멸상(常自寂滅相)이요 진여법성(眞如法性)이요 허공법신(虛空法身)이며 여래의 참모습이다. 이를 일체어언도단(一切語言道斷)이요 심행처멸(心行處滅)이라 한다.

부처님 세존께서 지지 불수부설(止止 不須復說) 그만 그만두어라. 다시 말하지 말지니라 하고 절언탄(絶言歎)을 쓰심도 보리달마대사(菩提達磨大師)가 면벽구년(面壁九年)하심도 유마힐(維摩詰)거사가 입을 다무심도 모두가 제법실상의 도리를 드러내심이다. 서천(西天)의 조사(祖師)께서 이심전심(以心傳心) 법을 전하심도 모두가 한결같이 제법실상을 전하심이다. 법화경의 당체가 곧 제법실상(諸法實相)이다.

불지위(佛地位)는 무념(無念)이라, 무념이란 적멸상(寂滅相)이요 제법실상(諸法實相)의 도리다. 허망한 상(相)을 멀리 여의면 진여자성(眞如自性)이 앞에 나타날 것이니, 이를 심성(心性)을 본 것이라 하고 구경각(究竟覺)이라 이름한다. (기신론소)

번뇌가 생기지 아니하므로 곧 불성(佛性)을 본 것이요, 불성을 본 까닭으로 대열반(大涅槃)을 얻어 편안히 머무는 것이니 이를 불생(不生)이라 이름한다. (대열반경)

오조(五祖) 홍인대사(弘忍大師)께서 육조 혜능(惠能)에게 말씀하시기를 「만약 자신의 마음을 알면 자신의 본성(本性)을 본 것이니, 즉 천인사불(天人師佛)이라고 이름한다.」 하셨다. 견성(見性)하면 곧 여래를 이룬 것이요, 불성을 본 까닭으로 곧 대반열반에 머문 것이며, 만약 단박에 불성을 보면 한 생각에 성불하느니라. (종경록)

견성(見性)이 곧 여래이며 대열반이며 성불이니, 견성이 최후의 극과(極果)임을 밝히신 내용이다.

　나무묘법연화경(南無妙法蓮華經) 제목을 일심으로 부를 때가 자신의 자성이 드러날 때이다. 중생이 중생인 채 성불하는 때이다.

약능제관심성(若能諦觀心性)　즉시견불성(即是見佛性)　주대열반(住大涅槃)이니　즉동여래(即同如來)

　만약 심성을 자세히 관하면 즉 불성을 본 것이니, 대열반에 현주(現住)하는 것이니 곧 여래와 동일하다.

　무심즉적멸(無心即寂滅)이요　　열반적정(涅槃寂靜)이요 진여법성(眞如法性)이며 이상(離相)이요 제법실상(諸法實相)이요 제일의공(第一義空)이며 해탈상(解脫相)이요 상적멸상(常寂滅相)이다. 모두가 제법실상의 다른 이름이다.

견불성(見佛性)하야　주대열반(住大涅槃)하면　즉시주불가사의해탈야(即是住不可思議解脫也)니라. 불성을 보고 대열반에 머물면 곧 이러함이 불가사의 해탈이니라. (종경록 24)

　견성하면 일체 업결(業結)을 초탈한다. 다만 법성을 보면 대열반에 머무느니라. 만 가지 법이 자성(自性)이므로 법성을 봄은 견불성(見佛性)이다. 이십팔 조사(祖師) 중에서 한 사람도 견성하지 않고 조사가 됨은 없느니라. 견성은 무명을 일시에 영원히 다함이 구경불지(究竟佛地)이므로 원증(圓證)이요 돈증(頓證)이다. 일초직입여래지(一超直入如來地)이다.

모든 부처님과 모든 조사가 원증법계(圓證法界)이다. 견성즉성불(見性即成佛) 성불즉견성(成佛即見性) 자성을 깨달으면 일초직입여래지를 성취한다. 자성즉불성은 불교의 극과(極果)인 삼신사지(三身四智)를 구족하고 있다. 삼신은 법보화(法報化)요, 사지는 일체지, 무사지, 자연지, 일체종지이다.

묘법이란 무가보주(無價寶珠)요 중생 성불의 혈맥(血脈)이다. 부처님은 양의(良醫)요, 묘법은 양약(良藥)이요, 중생은 중병환자이다. 묘법의 양약을 먹으면 중생의 전도된 독한 병은 반드시 나으리라. 전도된 병만 나으면 청정자성(淸淨自性)은 현전하리라. 청정무구한 불성은 자신을 떠나지 않고 상주불변(常住不變)하고 있다. 불성은 누가 짓고 만든 것도 아니다. 다만 번뇌 객진이 덮고 있을 뿐이다.

만약 번뇌를 끊어서 제하여 버린다면 불성을 곧바로 볼 수 있고 무상도를 이루리라.   (대열반경)

불성은 저마다 본유의 것이요 중간에 조작한 것이 아니다. 다만 번뇌의 객진(客塵)에 덮여 있을 뿐이다. 중생의 무량한 번뇌망상만 끊어버린다면 본유의 청정자성을 명견(明見)함이니, 이러함이 불교의 만세불변(萬世不變)의 교리이다.

"나무묘법연화경" 제목을 부를 때가 무상도를 이루는 때요, 불성이 드러나는 때이다. 지혜의 바람이 불어와 전도된 구름을 걷어가면 청정한 자성이 드러나서 중생이 중생인 채 불도를 이루리라.

약유문법자(若有聞法者) 무일불성불(無一不成佛)
만약 법을 듣는 자 있으면 성불 못함이 하나도 없으리라.

약유문시법(若有聞是法) 개이성불도(皆已成佛道)
만약 이 법을 듣는 자 모두 이미 불도를 이루었으니 묘법이 아닐 수 없다.

무일중생(無一衆生) 이불구여래지혜(而不具如來智慧) 단위망상(但爲妄想) 전도집착(顚倒執著) 이불증득(而不證得) 약리망상(若離妄想) 일체자연지(一切自然智) 무애지(無礙

智) 즉득현전(則得現前)

한 중생도 여래의 지혜를 구족하지 않은 자 없건마는 다만 전도된 망상에 집착함으로 증득하지 못한다. 만약 망상만 여의면 일체의 자연지와 무애지가 곧 현전하여 얻으리라.   (화엄경)

중생이 본래부터 여래의 지혜를 구족하고 있건마는 망상으로 인하여 부지불견(不知不見)이니라.

여래언(如來言)하사대 기재기재(奇哉奇哉)라 차제중생(此諸衆生)이 운유여래지혜(云有如來智慧)나 우치미혹(愚痴迷惑)하야 부지불견(不知不見)이라   (화엄경 80)

여래께서 말씀하시기를, 기이하고 기이하도다. 이 모든 중생이 여래의 지혜가 있건마는 우치 미혹하여 알지 못하고 보지 못함이라.

중생(衆生)의 불성(佛性)은 제불경계(諸佛境界)이니 이견불성고(以見佛性故) 해탈생사(解脫生死) 득대열반(得大涅槃)이니라.   (대열반경)

중생의 불성은 모든 부처님의 경계이니 불성을 바로 보는 까닭으로 생사해탈하야 대열반을 얻느니라.

　대반열반(大般涅槃)　약지견각(若知見覺)　당명보살(當名菩薩)이니라.

　아뇩다라삼먁삼보리와　대반열반을　만약　보고　깨달아　알면　마땅히　보살이라고　이름하느니라.　　　　(대반열반경 16)

　명견불성(明見佛性)　시명보살(是名菩薩)　불성을　밝게　보는　자　보살이라　이름하느니라.

　대반열반(大般涅槃)은　유불보살지소견고(唯佛菩薩之所見故)　명대열반(名大涅槃)　대반열반은　오직　부처님과　보살의　소견이니　그러므로　대반열반이라　이름하느니라.

　진해탈자(眞解脫者)　즉시여래(卽是如來)　여래자(如來者)　즉시열반(卽是涅槃)　열반자(涅槃者)　즉시무진(卽是無盡)　무진자(無盡者)　즉시불성(卽是佛性)　불성자(佛性者)　즉시결정(卽是決定)　결정자(決定者)　즉시아뇩다라삼먁삼보리(卽是阿耨多羅三藐三菩提)

　진정한　해탈이란　곧　여래이다.　여래는　곧　열반이다.　열반이란　곧　무진이다.　무진이란　곧　불성이다.　불성이란　곧　결정이다.　결정이란　곧　아뇩다라삼먁삼보리이다.

여래·해탈·열반·무진·불성·삼보리는 동체(同體)이다. 불성(佛性)을 밝게 봄이 무상정등각(無上正等覺)이요, 곧 여래이다. 무심(無心) 무념(無念) 무상(無相) 대열반(大涅槃) 등 구경각(究竟覺)이요 여래지(如來地)이다. 이 모든 명칭이 상자적멸상(常自寂滅相)이요 제법실상(諸法實相)의 다른 이명(異名)이다.

일체보살(一切菩薩) 아뇩다라삼먁삼보리(阿耨多羅三藐三菩提) 개속차경(皆屬此經)

일체보살의 아뇩다라삼먁삼보리가 모두 이 경에 속함이니라.

기유중생(其有衆生) 구불도자(求佛道者) 약견약문(若見若聞) 시법화경(是法華經) 문이(聞已) 신해수지자(信解受持者) 당지(當知) 시인(是人) 득근(得近) 아뇩다라삼먁삼보리(阿耨多羅三藐三菩提)

불도를 구하는 어떤 중생이 이 법화경을 혹은 보고 혹은 듣고 듣고는 믿고 이해하고 받아 지닌 자는 마땅히 할지니라. 이 사람은 아뇩다라삼먁삼보리를 얻기가 가까우니라.   (법사품)

돈오자(頓悟者) 위돈제망념(爲頓除妄念) 영절인아(永絶人

我) 필경적멸(畢竟寂滅) 즉여불(即與佛) 제등(齊等) 무유이(無有異)

돈오한 자는 망념을 돈제하고 인아상을 영원히 끊어버리고 끝내 공적하여 곧 불타(佛陀)와 제등(齊等)하여 다를 바가 있을 수 없느니라.　　(돈오요문)

망념불생(妄念不生) 위선(爲禪) 좌견본성(坐見本性) 위정(爲定)

망념이 일어나지 않음이 선(禪)이요, 앉아서 본성을 봄이 정(定)이다.

시여무생심(是汝無生心) 정자(定者) 대경무심(對境無心) 팔풍부능동(八風不能動)이니 약득여시정자(若得如是定者)는 수시범부(雖是凡夫)이나 즉입불위(即入佛位)니라.

너의 마음이 일어남이 없으면 정(定)이라 하니 경계에 대하여 무심하여 팔풍에 불능동(不能動)이라. 만약 이와 같이 선정을 얻은 자는 비록 범부이나 곧 부처님의 지위에 들게 됨이니라.　　(돈오요문)

망념이 생기지 않음이 선(禪)이요, 정좌하여 본성품을 보는 것이 정(定)이니 본성품은 너의 무생심(無生心)이요, 정(定)이라 함은 경계에 대하여 무심(無心)하여 팔풍불능동(八風不能動)이니라.

만약 이와 같이 정(定)을 얻은 자는 비록 범부이지만 즉 부처님의 위치에 돈입(頓入)하리라.

무심(無心) 무념(無念)이 구경각(究竟覺)이니라.　　　(전심법요)

제법실상(諸法實相)이 모든 부처님께서 깨달으신 구경각이니 무심 무념이 제법실상의 뜻과 다르지 않음이라. 무심 무념 무상이 제법실상의 이치와 다르지 않느니라.

제법실상이란 일체어언도단(一切語言道斷)이요, 심행처멸(心行處滅)이요, 상적멸상(常寂滅相)이요, 구경열반(究竟涅槃)이다.

전도망상(顚倒妄想) 영리(永離) 구경무소득(究竟無所得)
전도망상을 영원히 여의면 끝내 얻을 것이 없다.

원리전도몽상(遠離顚倒夢想) 구경열반(究竟涅槃)
전도몽상을 멀리 여의면 끝내 열반이다.　　(반야심경)

범부 중생이 자성을 깨달아 회복하면 곧 이것이 불

타(佛陀)이다.

진여법성(眞如法性)을 돈오하면 일체 망념을 멸진하게
된다.

수즉심시불(雖卽心是佛) 유증득자(唯證得者) 당지(當知)

비록 즉심시불이라 하나 깨달아 증득한 자라야만 비
로소 알 수 있는 것이니라. 제법실상(諸法實相)의 도리
를 깨달아 증득한 자라야 자신의 마음의 진실한 모습
을 비로소 알게 된다. 구경열반(究竟涅槃)이요 상자적멸
상(常自寂滅相)이 곧 마음의 진실한 모습이다.

법성(法性) 원융무이상(圓融無二相) 제법(諸法)이 부동본래적(不動本來寂)이라 무명무상절일체(無名無相絶一切)하야 증지소지(證智所知)요 비여경(非餘境)이로다.

법의 성품 두루 원융하여 두 모양이 없고
모든 법은 움직임도 없어 본래부터 끊어졌도다.
이름도 없고 모양도 없어 일체가 끊어졌도다.
지혜로 증득하여 알 바이요 다른 경계가 아니다.
(의상대사 법성게)

의상대사(義湘大師)의 법성게(法性偈)는 중도실상(中道
實相)의 도리를 담고 있는 게송이다.

양변(兩邊)을 여읜 자리가 중도의 도리요, 일체의 분별심이 끊어진 자리가 곧 실상이다. 이런 중도실상의 법은 지혜로 증득하여 알 바이지 다른 경계로 헤아릴 바가 아니다.

시법불가시(是法不可示) 언사상적멸(言辭相寂滅)

이 법은 가히 보일 수 없고 말이나 모습이 적멸이니라.

시법(是法) 비사량분별(非思量分別) 지소능해(之所能解)

제법실상의 이 법은 사량분별로 능히 이해하지 못하느니라.

중도실상(中道實相)은 삼세 모든 부처님의 무상보리(無上菩提)요 구경정각(究竟正覺)이다.

묘법연화경과 깨달음

자성(自性)을 깨닫는 게송

시시비비사(是是非非捨) 시즉진해탈(是卽眞解脫)

옳고 그름을 버리면 곧 진정한 해탈이다.

선악무분별(善惡無分別) 평등지혜행(平等智慧行)

선악의 분별이 없으면 평등한 지혜의 행이다.

인아상원리(人我相遠離) 시즉보살행(是卽菩薩行)

너와 나의 상이 멀리 여의면 이것이 곧 보살행이다.

심야지묘법(心也知妙法) 즉직지도량(卽直至道場)

마음이 묘법인 줄 알면 곧게 도량에 이르게 된다.

제법실상인(諸法實相印) 제불구경각(諸佛究竟覺)

제법실상인은 모든 부처님 구경의 깨달음이다.

취사양변리(取捨兩邊離) 명중도실상(名中道實相)

취하고 버림의 양변을 여의면 중도실상이라 이름한다.

부실보리심(不失菩提心) 제불여래행(諸佛如來行)

보리심 잃지 않으면 모든 부처님 여래의 행이다.

중생심대승(衆生心大乘) 구진여법성(俱眞如法性)

중생심이 대승이다. 진여법성을 갖추고 있다.

미즉불중생(迷卽佛衆生) 오즉중생불(悟卽衆生佛)

미혹하면 곧 부처가 중생이요, 깨달으면 곧 중생이
부처다.

아심자유불(我心自有佛) 자불시진불(自佛是眞佛)

나의 마음에 스스로 부처가 있으니 자기 부처가 참
부처이다.

시법불가시(是法不可示) 언사상적멸(言辭相寂滅)

이 법은 가히 보일 수 없어 말과 모습이 적멸이다.

심심미묘법(甚深微妙法) 여아등무이(如我等無異)

깊고 깊은 미묘한 법은 나와 동등하여 다름이 없다.

여시상성체(如是相性體) 본말구경등(本末究竟等)

이와 같은 상과 성품과 당체가 처음과 끝이 끝내 동
등하다.

묘법연화경(妙法蓮華經) 요당설진실(要當說眞實)

묘법연화경은 요긴하고 진실한 법을 설한다.

위범부전도(爲凡夫顚倒) 실재이언멸(實在而言滅)

생각이 뒤바뀐 범부를 위하여 진실로 있으면서 멸도한다고 말한다.

자아득불래(自我得佛來) 십법계사연(十法界事緣)

내가 스스로 성불이 옴이란 십법계의 사연이다.

묘법소주처(妙法所住處) 중생소유락(衆生所遊樂)

묘법이 머무는 곳이 중생이 즐겁게 노니는 곳이다.

제법종본래(諸法從本來) 상자적멸상(常自寂滅相)

모든 법은 본래부터 항상 스스로 적멸의 모습이다.

자증무상도(自證無上道) 대승평등법(大乘平等法)

스스로 증득한 무상도는 대승평등법이다.

번뇌여여객(煩惱如旅客) 자성여주인(自性如主人)

번뇌는 손님과 같고 자성은 주인과 같다.

진여심주인(眞如心主人) 생멸심운객(生滅心雲客)

진여심은 주인이요 생멸심은 운객이다.

대승인실상(大乘因實相) 대승과실상(大乘果實相)

대승의 인은 실상이요 대승의 과도 실상이다.

불시자성작(佛是自性作) 막향외신구(莫向外身求)

부처란 자성이 지은 것이니 몸 밖에서 구하지 마라.

번뇌즉보리(煩惱卽菩提) 생사즉열반(生死卽涅槃)

번뇌가 곧 보리요, 생사가 곧 열반이다.

불지견개오(佛知見開悟) 위전법화경(爲轉法華經)

불지견을 열어 깨달으면 법화경을 굴림이요

중생지견개(衆生知見開) 시법화경전(是法華經轉)

중생지견을 열면 법화경에 굴림을 당하는 것이다.

자심불경계(自心佛境界) 즉제법실상(卽諸法實相)

자신의 마음이 부처님의 경계이니 곧 제법실상이다.

진여정법성(眞如淨法性) 시진불여래(是眞佛如來)

진여의 청정법의 성품이 참 부처요 여래이다.

약자심무불(若自心無佛) 향하처불구(向何處佛求)

만약 자기 마음에 부처가 없다면 어느 곳을 향하여
부처를 구하랴.

대자비위실(大慈悲爲室) 유화인욕의(柔和忍辱衣)

대자비가 여래의 방이요, 유화인욕심은 여래의 옷이요,

제법공위좌(諸法空爲座) 처차위설법(處此爲說法)

모든 법이 공함이 여래의 자리이니, 이곳에서 법을 설할지니라.

자성불귀의(自性不歸依) 무소귀의처(無所歸依處)

자기 성품에 귀의하지 않으면 귀의할 곳이 없느니라.

불지견불성(佛知見佛性) 불성즉실상(佛性即實相)

불지견은 불성이요, 불성은 곧 실상이다.

묘법연화경(妙法蓮華經) 제불무상도(諸佛無上道)

묘법연화경은 제불의 위없는 도이다.

자아득불래(自我得佛來) 소경제겁수(所經諸劫數)

무량백천만(無量百千萬) 억재아승지(億載阿僧祇)

내가 스스로 성불해 옴의 모든 겁의 수는

한량없는 백천만억 아승지 겁이니라.

상설법교화(常說法敎化) 무수억중생(無數億衆生)

영입어불도(令入於佛道) 이래무량겁(爾來無量劫)

항상 법을 설하여 수없는 억의 중생을 교화하여

불도에 들게 하였나니, 그리하여 옴이 한량없는 겁이
니라.

제불좌도량(諸佛坐道場)　소득비요법(所得祕要法)

능지시경자(能持是經者)　불구역당득(不久亦當得)

모든 부처님께서 도량에서 얻으신 비밀되고 요긴한
법을

능히 이 경을 받아 지닌 자는 오래지 않아 마땅히
얻으리라.

※ 자성을 깨닫는 이 게송은 법화경 속에 있는 게송
과 조사께서 설하신 게송과 지금의 법화행자가 지은
게송으로 엮어져 있으며 저마다의 자성(自性)이 참 부
처인 뜻을 은근히 담고 있음을 노래하고 있다.

눈 위에 남긴 발자국

눈 위에 바른 발자국을 남기면 뒤따라 오는 사람이 보다 쉽게 따라올 것이고 반면 눈 위에 어지러운 발자국을 남기면 뒷사람들이 힘들게 될 것이다. 머리 깎은 수행자는 바르고 곧은 길을 가야 하고 바른 발자국을 남겨야만 후학들이 쉽게 따라올 것이다.

정치하는 사람들이나 나라를 다스리는 위정자는 자신의 발자국을 돌아보고 자신이 걸어온 발자국이 바른지 아닌지 비뚤어진 발자국인지를 살펴보아야 한다. 부귀영화를 모두가 좋아하지마는 바른길이 아니면 가지 말아야 하고, 빈천한 것을 다들 싫어하지만 부끄럽지 않다면 억지로 피할 것이 아니다.

비뚤어진 발자국으로 명리를 얻는 것보다 바른 발자국으로 걸어온 길이 보다 보람된 일이다. 지금 자신의 명리를 위해 잘못된 발자국을 남긴다면 영원히 죽는 길이 되고, 지금 힘들고 어려울지라도 바른 발자국을 남긴다면 영원히 사는 길이 된다.

지금 세상에는 자신의 명예와 이익을 얻기 위해 잘못된 길을 가는 자가 적지 않겠지마는 이럴 때일수록 수행자는 옳고 바른 길을 걸어야 할 것 같다.

인생고희(人生古稀) 칠십이라 했다.

나이 칠십이 되어야 비로소 자신을 돌아보고 철이 든다는 뜻이다. 스님은 젊었을 때 원을 세우기를 법화경 전품을 삼천 번을 독경하겠다는 뜻을 세웠으나, 나의 칠십이 되었을 때 헤아려 보니 삼천 번의 절반도 차지 못했음을 알고는 경전을 독송하는 데 수행 시간을 좀 더 할애하여 정진한 결과 올해 연말까지 삼천 번이 좀 넘을 것 같다.

지금 와서 스님 자신을 돌아본다. 눈 위에 바른 발자국을 남기고 걸어왔는지를, 이런 일은 자신이 평가할 것이 아니라 다른 사람들이 평가할 일이다. 스님은 수행의 발자취를 남기기 위해 몇 가지 책을 쓰고 출간했는데 그 책의 내용이 곧 스님의 발자국이 될 것이다.

가정의 부모가 바른 발자국을 남기면 자녀와 권속들이 부모의 발자국을 따라올 것이다. 바른 발자국을 남기면 그 바른 발자국을 따라올 것이고 비뚤어진 발자국을 남기면 식솔들이 힘들어할 것이다. 옛말에 할아버지 선근이 손자 밑거름이라 했다. 할아버지의 착한 발자국이 손자가 성장하고 생활함에 큰 등불이 되고 근본이 된다는 말씀이다.

스님이기 이전에 사람이다.
국회의원이기 이전에 사람이다.
판사 검사이기 이전에 사람이다.

의사이기 이전에 사람이다.

대통령이기 이전에 사람이다.

어디에서 무슨 일을 하든지 사람이 먼저 되어야 한다는 뜻이다. 사람이 먼저 돼야 한다는 것은 곧 인간성 회복을 의미한다. 인간성 회복을 위해서는 먼저 피차간(彼此間)의 상을 내려놓아야 한다. "나"라는 상에 국집하면 갈등과 반목과 그리고 벽이 생기게 된다.

인간성 회복은 이타행(利他行)이 급선무다. 남을 이롭게 함이 곧 자신을 이롭게 하는 길이다. 나를 앞세우면 남이 멀어지고 남을 앞세우면 내가 멀어진다. 인간성을 회복한 사람은 눈 위에 바르고 곧은 발자국을 남기게 된다. 앞서 말한 것과 같이 부귀영화를 다들 좋아하지만 바른길이 아니면 가지 말아야 하고, 빈천함을 다들 싫어하지만 바른 마음을 가지면 부끄러워할 것이 아니다.

인간성을 회복한 사람은 손해됨과 고통이 온다 해도 애쓰지 않고, 이익과 즐거움이 온다 해도 거기에 애착하지 않는다. 비방에 불끈하고 칭찬에 우쭐함은 아상(我相) 때문이다.

우리 인간은 누구나가 이웃의 은혜를 먹고 산다. 이웃이 없고 주변이 없다면 안정된 삶을 유지할 수 없다. 눈 위에 바른 발자국을 남김이 곧 이웃의 은혜에 보은하는 길이다. 저마다 자신의 발자국을 살펴보는 삶이 어떨까. 바른 발자국을 남기고자 한다면 인간성 회복이 반드시 따라야 한다. 인간성 회복이란 자성(自性)을 깨달음을 의미한다. 본래부터 청정한 자성을 저마다 갖추고 있다. 자성은 선악(善惡)에 물들지 않는다.

심법(心法), 마음의 사연

　화성유품에서 시방의 모든 범천왕(梵天王)이 대통지승여래불께 나아가 가지가지 공양물을 부처님께 올리고 각각 궁전을 부처님께 받들어 올리면서 이런 말을 하되「오직 저희들을 불쌍히 보시옵고 이롭게 하시사 드리옵는 궁전을 원하옵건대 너그러이 받으시옵소서.」

　범천왕들이「지난 세상 복으로 아름답게 장엄된 궁전을 이제 세존께 받들어 올리오니 오직 가엾게 여겨 받아 주시옵소서.」하고 세존께 올린 궁전은 어떤 의미일까 하고 경전을 독경할 때마다 의심을 갖게 되었다.

　범천왕들이 저마다 각각 궁전과 더불어 부처님 계신 곳에 나아갔다 함은 어떤 의미일까 하고 의구심을 갖게 된 것이다. 이러한 의혹을 다른 경전과 법화경의 다른 품에서 찾게 되었다는 내용을 말씀드리고 싶다.

　무량의경에서 대장엄보살이 부처님께 여쭈기를「세존이시여, 이 경전은 어느 곳으로부터 좇아왔으며 어느 곳으로 가서 이르러며 어느 곳에 머무나이까.」하는 질문이다.

　이에 부처님께서 말씀하시기를,「선남자여, 이 경은

본래 부처님의 궁궐 가운데로부터 좇아와서 일체 중생이 깨달음의 마음을 일으키는 데로 가서 이르르며 모든 보살이 행하는 곳에 머무느니라.」하시었다. 여기서 불자들이 믿고 이해해야 할 점은 부처님의 궁궐이 어떤 곳인가, 어디가 부처님의 궁궐인가 하는 점이다.

부처님의 궁궐이란 부처님께서 머무시는 곳을 의미하고 있다. 부처님이 머무시는 곳이 곧 저마다 마음이요 자성(自性)의 바다이다. 중생의 마음 가운데 부처님은 항상하신다. 다음은 일체 중생이 보리심을 일으키는 곳에 이르런다 하심인데 깨달음의 마음이 곧 중생심이다. 그리고 모든 보살이 행하는 곳에 머문다 하심은 저마다 마음을 항상 닦는 것을 의미한다.

무량의경은 마음에서 일어나 보리심을 일으키고 마음을 닦는 것에 머문다는 말씀이다. 심지(心地) 법문이다.

또 법사품에서 이르시기를, 이 법화경을 설하고자 하는 자는 여래의 방에 들어가 여래의 옷을 입고 여래의 자리에 앉아 이에 응당 사부대중을 위하여 이 경을 널리 설하라 하셨다. 여래의 방이란 대자비심이 이것이요, 여래의 옷이란 유화인욕심이 이것이요, 여래의 자리란 일체 법이 공(空)한 것이 이것이라 하셨다.

대자비위실(大慈悲爲室) 여래실(如來室)

유화인욕의(柔和忍辱衣) 여래의(如來衣)
제법공위좌(諸法空爲座) 여래좌(如來座)
대자비심도 저마다 마음이요
유화인욕심도 저마다 마음이요
모든 법이 공함도 저마다 마음이다.

또 제바달다품에서 팔세 용녀가 값이 삼천대천세계만한 보배구슬을 부처님께 올리니 부처님께서 곧 이를 받으시는 내용이 있다.

보배구슬이 어떤 것이며 무엇을 의미하는가. 보배구슬 역시 어떤 물질(色法)이 아니다. 용녀가 그동안 묘법을 수행한 공덕(心法)이다.

타종교인이 아전인수(我田引水)와 같은 말하기를 부처님께서 뇌물을 받고 용녀를 성불시킨다고 했다나, 부처님께 올린다 함은 용녀가 짓고 얻은 공덕을 법계에 회향함을 뜻한다. 용녀가 올린 보배구슬은 물질(色相)이 아니고 공덕(心法)임을 알아야 한다. 이렇게 다른 품에서 살펴본 것과 같이 화성유품에서 범천왕들이 소지한 궁전은 범천왕들이 그동안 닦은 선근공덕(善根功德)을 의미하고 있다.

무량의경의 부처님의 궁궐도 법사품의 여래의 방도 용녀의 보배구슬도 모두가 심법(心)이요 저마다 마음의 사연이다. 이와 같이 화성유품의 범천왕의 궁전도 역시 마음의 사연이다.

성문의 사제법(四諦法)도 십이인연법(十二因緣法)도 육바라밀다(六波羅蜜多)도 모두가 한결같이 마음의 법이요 마음을 닦는 법이다.

아뇩다라삼먁삼보리(阿耨多羅三藐三菩提)도 부처님의 일체종지(一切種智)도 부처님의 대반열반(大般涅槃)도 한결같이 마음의 사연이요, 마음의 참모습의 사연이요 당체이다.

부처님의 여래십호(如來十號)도 마음의 실상을 깨달음으로써 얻어지는 성호(聖號)이다. 범천왕들이 말하기를 지난 세상 복으로 아름답게 장엄된 궁전을 세존께서 받아 주시옵소서 하는 말이 심법(心法)임을 잘 대변하고 있다.

무상게(無常偈)

제행개무상(諸行皆無常)
개시생멸법(皆是生滅法)
생멸개멸이(生滅皆滅已)
적멸시위락(寂滅是爲樂)　　(열반경)
모든 행함이 다 무상하니
이것이 다 생멸하는 법이다.
생멸함을 다 멸해 버리니
열반의 즐거움이 있도다.

모든 행이란 세상에 있다는 온갖 모든 것이 항상함이 없나니,
이를 나고 죽는 법이라 한다.
생멸하는 법을 다 멸해 버리니
열반의 즐거움이 있다.

육안으로 보는 모든 경계가 다 생멸하고 저마다 마음도 종일토록 생주이멸(生住異滅)하고 있다. 이렇게 생멸하는 법을 모두 여의면 적멸(寂滅)의 열반(涅槃)의 락(樂)이 있다는 게송이다.

적멸의 열반락(涅槃樂)이란 곧 제법실상(諸法實相)의 도리요, 진여법성(眞如法性)이요, 허공법신(虛空法身)이다. 열반이란 곧 적멸(寂滅)이다.

성철 큰스님의 법어, 산은 산이요 물은 물이다

산시산혜(山是山兮) 수시수혜(水是水兮) 산은 산이요 물은 물이다 하셨다.

이 법어가 특별한 것이 아니라 스님께서 특별하므로 법어가 특별하게 받아들여지는 것 같다.

모든 부처님께서 법을 설하심과 모든 선지식께서 설하신 법과 성철스님의 법어가 뜻이 다르지 않다.

석가세존께서 지지불수부설(止止不須復說) 하셨다.

그만 그만두어라. 다시 말하지 말아라.

시법불가시(是法不可示) 언사상적멸(言辭相寂滅)

이 법은 가히 보일 수 없고 말과 모양이 적멸이다.

달마대사(達磨大師)께서는 면벽구년(面壁九年)하셨고, 유마힐(維摩詰)께서 불이법문(不二法門)에 절언(絶言)하셨고, 육조혜능대사(六祖惠能大師)는 무념(無念) 무상(無相) 무주(無住)라 하셨고, 성철스님은 산시산혜(山是山兮) 수시수혜(水是水兮) 산은 산이요 물은 물이다 하셨다. 산은 산 그대로 실상이요 물은 물 그대로 실상이다. 부처님과 더불어 모든 조사가 남긴 법어가 한결같이 제법실상(諸法實相)의 도리를 뜻하고 있다.

　묘법은 승차보승(乘此寶乘) 직지도량(直至道場)하는 법이다. 선정(禪定)을 닦고 염불하는 등 모든 수행이 곧 자성을 깨닫는 수행이다.

　만수만행(萬修萬行)이 진여자성(眞如自性)을 깨닫는 길이다. 사람은 장애와 고통을 먹고 자라는 갈대와 같다. 수행자는 불성회귀(佛性回歸)를 위하여 어떤 아픔도 고통도 받아들이고 소화시켜야 하며, 고통과 장애를 식량으로 삼는다. 불교는 필경에 자신이 본래 부처였다는 사실을 자각(自覺)하는 종교이다. 처음 깨닫고 비로소 부처가 되는 것이 아니라 자신이 본래 부처였다는 것을 깨쳐야 한다.

　부처님의 불성(佛性)과 중생의 불성이 차등이 없다. 수행자는 오직 중생을 이롭게 하기 위하여 살아야 한다. 영원히 영원한 이타행(利他行)을 행하면 시방국토가 극락정토 아님이 없다. 무슨 수행을 하든 진여자성을 깨닫게 함이 되어야 한다. 묘법이란 제법실상(諸法實相)이요 모두의 자성을 밝히신 법이다. 저마다 참 성품을 노래하신 법이다.

시법주법위(是法住法位) 세간상상주(世間相常住)

　이 법은 법의 위치에도 머물고 세간의 모습에도 항상 머문다. 세간법이든 출세간법이든 제법실상의 도리를 벗어날 수 없다. 세상에 있다는 온갖 모든 것의 참모습을 제법실상이라 한다. 성철스님의 산은 산이요 물은 물이다 라는 법어도 제법실상의 도리라 보면 될 것 같다.

제법실상(諸法實相)은 제일적멸법(第一寂滅法)이다.

제법적멸상(諸法寂滅相) 불가이언설(不可以言說)

모든 법의 적멸상은 말로써 가히 언설할 수 없다.

문수사리께서는 일체어언도단(一切語言道斷)이요 심행처멸(心行處滅)이라 하셨다. 제법실상이란 적멸상(寂滅相)이기에 일체 말길이 끊어졌고 마음으로 헤아림이 멸한 자리라 하신 말씀이다.

부처님께서 게송으로 설하시기를,

시법불가시(是法不可示) 언사상적멸(言辭相寂滅)

이 법은 가히 보일 수 없고 말과 형상이 적멸이라 하신 것이다. 제법실상은 모두 부처님의 구경의 깨달음이다.

산은 산이요 물은 물이로다 하는 법도 제법실상 안에 있는 법이요 밖에 있는 특별한 법이 아니다.

뒤에 대중들이 스님께 묻기를 "산은 산이요 물은 물이로다" 하신 법에 많은 사람들이 의구심을 갖고 있습니다. 그 뜻을 설해 주실 것을 청하자 다음과 같이 말씀하셨다고 한다.

산은 산이요 물은 물이로다.
해와 달과 별이 일시에 암흑이구나.

만약 이 가운데 깊은 뜻을 알고자 한다면
불 속에 목마(木馬)가 걸음걸음 노닐도다.

이와 같은 말씀은 역시 적멸(寂滅)을 의미하고 있으니 제법실상의 도리의 말씀인 것 같다. 현혹되지 말아야 한다.

어떤 선지식이 이런 도리를
'대나무 숲 그림자가
진종일 섬돌을 쓸어도
먼지가 일지 않네.
달빛이 연못 밑을 꿰뚫어도
물결이 있지 않네.' 라고 노래하였다.

실상(實相)이란 무상불상(無相不相)이요 불상무상(不相無相)이라 명위실상(名爲實相)이다.

또 소동파는 산색(山色)이 비로자나(毘盧遮那)요 계곡의 물소리 바람소리가 출광장설(出廣長舌)이라 노래했다.

원각도량하처야(圓覺道場何處也)

이금차처보리좌(而今此處菩提座)

원각도량 어디메냐 지금 이곳이 깨닫는 자리다. 해인사 장경각의 주련이다.

영취산하처(靈鷲山何處) 법화경주처(法華經住處)

영취산이 어디메냐 법화경이 머무는 곳이다.

사람의 본래 성품은 부처였다. 모두가 본래 부처였음을 깨닫는 것이 마음의 눈을 뜨는 것이요 본질을 회복하는 것이다. 마음의 눈을 뜨면 앉은 당체가 불국토이니라.

법화경 여래수량품은 팔만 사천의 법문 가운데서 가장 위에 있는 최첨단(最尖端)의 법이다. 여래수량품의 깊은 뜻을 결집한다면 구원실성(久遠實成) 상주불멸(常住不滅)이다. 구원겁에 성불하시고서 미래겁이 다하도록 열반에 드시지 않고 세상에 머무신다는 진리이다. 이러한 사연이 곧 십법계(十法界)의 사연이요, 우리 모두의 사연이다. 본래 부처를 깨우치는 사연이다.

제법실상(諸法實相)이 곧 여래장(如來藏)이다

원효대사(大師)의 열반경 종요에서

도(道)는 지극히 멀어서 가르침만 따라가면 천겁(千劫)을 지나더라도 이르지 못하지만, 지극히 가깝기 때문에 말씀을 잊고 찾으면 한 생각을 지나지 않고서도 스스로 도(道)를 알게 되리라.

진여법성(眞如法性)으로부터 유출된 교법(敎法)이 바로 법신상주(法身常住)인 것이다. 이 묘법(妙法)과 불신(佛身)이 일여(一如)이다.

진여법성(眞如法性)이 곧 법신(法身)의 진실한 자체(自體)이다.

여래장(如來藏)이란 일체 중생의 번뇌의 몸 가운데 본래 청정한 여래의 법신(法身)이 감추어져 있는 것을 여래장이라 한다.

제법실상(諸法實相)의 도리가 곧 여래장(如來藏)이다.

법신(法身)이 번뇌 가운데 감추어져 있으나 번뇌에 물들지 않고 절대 청정하여 영원히 불변(不變)하는 성품(性品)을 갖추고 있다.

유차일심즉시(唯此一心卽是) 불여중생(佛與衆生) 갱무별이(更無別異) 단시중생착상(但是衆生著相) 외구구지전실(外求求之轉失)

오직 이 한마음(一心)이 곧 부처여서 부처와 중생은 차이가 없건만 중생들이 형상에 집착되어 밖으로 구하려 하므로 더욱 잃을 뿐이다.

여래성자(如來性者) 자청정고(自淸淨故) :
여래의 성품이란 스스로 청정하기 때문이다.

불염객진자(不染客塵者) 자성공고(自性空故) :
객진에 더럽혀질 수 없는 것이란 그 자성이 공하기 때문이다.

고언무일법가손(故言無一法可損) :
그러므로 한 가지 법도 덜할 수 없다고 말한다.

당지진여자성(當知眞如自性) 비유상(非有相) 비무상(非無相) 비비유상(非非有相) 비비무상(非非無相) 비유무구상(非有無俱相) 비일상(非一相) 비이상(非異相)이며 비비일상(非非一相) 비비이상(非非異相) 비일이구상(非一異俱相)이며

마땅히 알라. 진여의 자성은 상(相)이 있음도 아님이며 상(相)이 없음도 아님이며 비유상(非有相)도 아님이

며 비무상(非無相)도 아님이며, 유와 무를 함께 갖춘 것도 아님이며 같은 상도 아님이며 다른 상도 아님이며 같은 상이 아님도 아님이며 다른 상이 아님도 아님이며 같고 다른 것을 함께 갖춘 상도 아님이다. (一異 같고 다름)

위진여지체(謂眞如之體) 즉반야진여(卽般若眞如)

말하자면 진여 자체는 바로 반야(般若) 진공(眞空)이다.

제법실상(諸法實相)과 진여법성(眞如法性)은 말은 달라도 뜻은 같으니 적멸(寂滅)의 뜻이다.

만일 일심진여문(一心眞如門)을 의지한다면 성인과 범부가 차이가 없다.

그러므로 삼계유심(三界唯心) 즉심외무(則心外無) 일법가득(一法可得)이라 삼계가 오직 마음이다. 곧 마음 밖에는 한 법도 얻을 수 없다.

대경운(大經云) (화엄경에서 이르시기를)

아어일체중생신중성정등각(我於一切衆生身中成正等覺)

나는 일체 중생의 몸 가운데서 등정각(等正覺)한다고 하였다.

우어각심원고(又於覺心源故) 명구경각(名究竟覺) 불각심원고(不覺心源故) 비구경각(非究竟覺)

또 마음의 근원(心源)을 깨닫기 때문에 구경각(究竟覺)이요, 마음의 근원을 깨닫지 못했기 때문에 구경각이 아니라고 한다.

불생불멸(不生不滅)의 진여심(眞如心)과 생멸심(生滅心)이 화합하여 같은 모양도 아니고 다른 모양도 아닌 것을 "아려야식"이라 한다.   (유마경 보살품)

만약 미륵보살이 아뇩다라삼먁삼보리를 얻었다 하면 일체 중생도 모두 마땅히 얻어야 한다. 왜냐하면 일체 중생이 곧 보리(菩提)의 모양이기 때문이다.

만약 미륵보살이 멸도를 얻었다고 하면 일체 중생도 모두 마땅히 멸도를 얻어야 한다. 왜냐하면 모든 부처님께서 일체 중생이 필경에 적멸(寂滅)이니 곧 열반상(涅槃相)이라 다시 멸(滅)할 것이 없기 때문이다.

삼계(三界)가 허망한 모양이니 업력에 따라 허깨비같이 지어졌을 뿐이고 본래 여실하게 있는 것이 아니다.

마치 거울 속에 나타난 허상과 같아서 다만 중생의 허망한 분별로 말미암아 생겨난다.   (감산대사)

상락아정(常樂我淨)

상락아정(常樂我淨) ： 대승열반(大乘涅槃)과 여래법신(如來法身)이 갖추고 있는 네 가지 덕(德). 이를 열반사덕(涅槃四德)이라 한다.

1. 상(常)은 열반의 경계를 통달하여 영원불변의 경지

상덕(常德)은 두 가지 뜻이 있는데 무이지상(無二之相)을 통달하여 열반(涅槃)과 생사(生死)가 다르다고 보지 않는다. 단(斷)과 상(常)을 떠난 것이 곧 법신(法身)의 상덕(常德)이다.

2. 락(樂)은 고통이 다하고 안락한 경지

락덕(樂德)은 고통을 떠나고 일체 번뇌의 습기를 멸한 것을 말한다. 번뇌의 습기를 멸하므로 깨침의 즐거움을 나타낸다.

3. 아(我)는 자유자재하여 조금도 구속이 없는 경지

아덕(我德)은 아견(我見)에 치우치지 않은 것과 무아견(無我見)에 치우치지 않은 상태. 소아(小我)를 떠나 대아(大我)를 얻기 때문이다.

4. 정(淨)은 번뇌의 염오(染汚)가 없는 상태

정덕(淨德)은 분별성(分別性)을 통달하여 자성(自性)의 깨끗함을 나타내고 의타성(依他性)을 없애고 멀리한 상태. 방편(方便)의 깨끗함을 나타낸다.

진여(眞如)는 그 체(體)가 평등(平等)하여 일체(一切)의

모양(相)을 여읜다.

일체법(一切法)이 본래유심(本來唯心)이어서 실로 망념(妄念)이 없는 것이지만 경계(境界) 따라 생각이 일어난 것이다.

차소위청정법신(此所謂淸淨法身) 유약허공(猶若虛空) 응물현형(應物現形) 여수중월(如水中月) 중생심수정(衆生心水淨) 보리영현중(菩提影現中)

청정 법신은 마치 허공과 같아서
중생들에 따라 그에 맞게 나타난다.
마치 물에 비친 달과 같다.
중생의 마음이 맑은 물과 같다면
깨달음(菩提)의 그림자가 그 가운데 나타나리라.

사종신심(四種信心)

일자(一者). 신근본(信根本) 소위락염(所謂樂念) 진여법고(眞如法故) : 첫째 근본을 믿음이니 이른바 진여의 법을 즐겨 생각하기 때문이다.

이자(二者). 신불유무량공덕(信佛有無量功德) 상념친근공양공경(常念親近供養恭敬)

삼자(三者). 신법유대이익(信法有大利益) 상념수행(常念修行) 제바라밀(諸波羅蜜)

사자(四者). 신승능정수행(信僧能正修行) 자리이타(自利利他) 상락친근(常樂親近) 제보살중(諸菩薩衆)

수행(修行) 유오문(有五門)

일자(一者) 시문(施門) 이자(二者) 계문(戒門) 삼자(三者) 인문(忍門) 사자(四者) 진문(進門) 오자(五者) 지관문(止觀門)

지관법(止觀法)

사마타(奢摩他) 지행(지행) Samatha의 음역.

그침(止) 적정(寂靜) 능멸(能滅) 선정(禪定) 등 마음을 섭수하여 밖의 경계(境界)에 끄달리지 않도록 한다. 일체의 산란함을 여의고 적정(寂靜)에 머무는 것이다.

비파사나(毘婆舍那) 관행(觀行) vipassana의 음역

하나의 대상을 관(觀)하는 것. 자성(自性)을 가만히 관(觀)하거나 제법실상(諸法實相)을 가만히 관(觀)하는 것이다.

지(止)는 정(定)에 해당되고 관(觀)은 혜(慧)에 해당된다.

천태대사(天台大師)의 일심삼관(一心三觀)은 공(空)이 곧 가(假)요 가(假)가 곧 공(空)이다. 중도관(中道觀)을

몰록 닦음이다. 공관(空觀) 가관(假觀) 중도관(中道觀)의 일심(一心)의 세 가지 관(觀)을 몰록 닦음이 곧 일심삼관(一心三觀)이라 한다.

중도제일의관(中道第一義觀)이란 유무(有無)의 양변(兩邊)을 여의고 실상(實相)을 관(觀)하여 적정(寂靜)을 얻어 법신불(法身佛)에 안주(安住)한다. 중도관(中道觀)으로써 제법실상(諸法實相)을 증득하게 한다.

용수보살 중론에서 팔불중도(八不中道)의 도리

불생(不生) 불멸(不滅) 부단(不斷) 불상(不常)
불일(不一) 불이(不異) 불거(不去) 불래(不來)

제법(諸法)의 성품(性品)은 전체가 진여(眞如)이고 진여는 자체의 모습이 없다. 법의 성품 여여(如如)하며 적멸(寂滅)하기 때문에 실상(實相)이라 한 것이다. 실상(實相)은 원래부터 스스로 상(相)이 없는 것이지 헤아려서 없게 한 것이 아니기 때문에 본무(本無)라 한 것이다.

실상(實相)은 진여(眞如)의 실체(實體)이다.

여여(如如)는 불이평등(不二平等)이다.

심경구공(心境俱空) 마음과 경계가 모두 공(空)하니 어디엔들 고요하지 않겠느냐.

불신충만어법계(佛身充滿於法界)
보현일체중생전(普現一切衆生前)
수연부감미부주(隨緣赴感靡不周)
이항처차보리좌(而恒處此菩提座)

불신은 법계에 충만하여
일체 중생 앞에 두루 드러나네.
인연 따라 감응하사 두루하지 않음이 없고
항상 이 보리좌에 앉아 계시네.

중론(中論) 열반비유(涅槃非有) 역부비무(亦復非無)
어언도단(語言道斷) 심행처멸(心行處滅)

중론에 이르기를, 열반은 있는 것도 아니며 또 없는 것도 아니다. 어언의 길이 끊어지고 마음의 행할 바가 멸하였다.

자성무상도(自成無上道) : 스스로 위없는 도를 이루고
광도무수중(廣度無數衆) : 널리 헤아릴 수 없는 많은
　　　　　　　　　　　　　　중생을 제도해서
입무여열반(入無餘涅槃) : 무여열반에 드시니
여신진화멸(如薪盡火滅) : 마치 섶이 다하여 불이 꺼
　　　　　　　　　　　　　　진 것과 같다.
　　(법화경 방편품)

불여허공(佛如虛空) 무거무래(無去無來)
응연이현(應緣而現) 무유방소(無有方所)

부처님은 허공과 같아서 가는 것도 없고 오는 것도 없다. 연(緣)을 따라 응해서 드러나지만 일정한 방소가 없다.　　　(방광반야경)

불진법신(佛眞法身) 유여허공(猶如虛空)
응물현형(應物現形) 여수중월(如水中月)

부처님의 진실한 법신은 마치 허공과 같다. 중생을 따라 응하면서 형상을 드러내니 물속의 달과 같다.

청정법신(淸淨法身) 비유비무(非有非無)
수중생소응(隨衆生所應) 실능시현(悉能示現)

청정법신은 있는 것도 아니고 없는 것도 아니다. 중생을 따라 응하면서 모두 능히 드러내 보인다.

법화경의 부처님 말씀

미혹한 때는 사람이 법을 쫓아다니고, 깨달으면 법이 사람에 비롯된다.

미혹한 때는 마음을 집착하여 경계(境界)로 삼고 경계 따라 전변한다. 깨달은 때는 경계가 곧 마음임을 알아 일체가 나에 비롯된다.

만약 마음 밖에 행할 법이 있다고 생각하면 삿된 견해의 집에 태어날 것이고,

만약 마음이 곧 부처임을 깨달아 행하면 곧 여래(如來)의 집에 태어날 것이다.

만약 묘법(妙法)을 헐어 비방하고 받아 지닌 자를 욕하면 변두리 땅에 좋지 못한 몸을 받을 것이고,

만약 묘법(妙法)을 믿고 행하고 널리 유포한다면 부처님 계신 곳에 몸을 받게 되리라.

만약 묘법(妙法)을 헐어 비방하면 부처님 종자(種子)를 끊는 것이고,

만약 묘법(妙法)을 받아 지니고 행하여 법(法)의 깊은 도리를 증득한다면 제불의 호념자(諸佛護念者)가 될 것이다.

혹은 부처님께서 세상에 계시거나 열반하신 뒤 어느 누가 이 법화경을 비방함이 있거나 경을 읽고 외우는 자를 가벼이 여기고 천대하거나 미워하고 질투하고 원한 품으면, 이 사람은 명(命)을 마치면 아비지옥에 들어가서 일 겁 동안 흡족히 채우고 다시 태어나며 이와 같이 돌고 돌아 수없는 겁에 이르리라.   (비유품)

성문이나 혹은 보살이 부처님께서 설하신 법을 내지 한 게송에 이를지라도 모두 성불함이 의심이 없으리라.

만약 이 법화경을 받아 지니고 읽고 외우고 쓰는 자를 보고 헐어 비방하고 천대하거나 미워하면, 마땅히 축생길에 떨어져서 혹은 개나 야간이 되어 한량없는 고통을 갖추어 받느니라.

만약 법화경을 듣지 못한 사람은 마땅히 할지니라. 이 사람은 보살도를 잘 행하지 못함이요,

만약 이 경을 듣는 자는 능히 보살도를 잘 행하는 사람이다.   (법사품)

만약 이 법화경을 헐어 비방하고 받아 지니고 읽고 외우는 자를 헐뜯고 헐어 비방하면, 사람들에게 미움과 천대받게 될 것이고 항상 곤궁하고 굶주리고 뼈와

살이 야위고 마르며 살아서는 회초리로 매를 맞고 죽어서는 기와나 돌에 묻히나니 부처님 종자 끊은 까닭으로 이런 죄보를 받느니라.　　　(비유품)

　만약 이 법화경을 받아 지니고 읽고 외우고 베껴쓰고 해설하면 이런 사람은 이미 부처님을 뵈온 자요, 부처님께 공양한 자요, 부처님으로부터 이 법을 들은 자요, 불도에 들게 됨이 결정된 자이니라.

　　(여래신력품)

모든 부처님께서 도량에 앉아서 얻으신
비밀되고 요긴한 법을
능히 이 경을 지니는 자는
오래지 않아 또한 마땅히 얻으리라.
내가 멸도한 뒤에 응당 이 경을 받아 지니어라.
이런 사람은 불도에 들기
결정코 의심이 없으리라.　　　(여래신력품)

　이 법화경은 능히 중생으로 하여금 일체 고통과 일체 병의 아픔을 여의게 하고 능히 일체의 속박에서 해탈하게 하느니라.

　이 경을 받아 지니고 읽고 외우며 깊이 생각하고 다

른 사람을 위하여 설하였으니 얻은 바 복덕은 한량없고 가이 없어서 불이 능히 태우지 못하고 물도 능히 빠뜨리지 못할 것이니, 너의 공덕은 일천 부처님께서 함께 말씀하셔도 능히 다하지 못하느니라.

이 경은 곧 염부제 사람의 병에 좋은 약이 되느니라. 만약 사람이 병이 있어 이 경을 얻어들으면, 병이 곧 소멸하여 늙지도 않고 죽지도 않느니라.

(약왕보살본사품)

만약 어떤 사람이 받아 지니고 읽고 외우며 그 옳은 뜻을 이해하면, 이 사람이 명을 마치면 천 부처님께서 손을 주시어 두렵고 겁나지 않게 하시고 악도에 떨어지지 않게 하시며 곧 도솔천상(兜率天上)의 미륵보살 계신 곳에 왕생하오리다. 미륵보살은 서른두 가지 훌륭한 상을 갖추고 큰 보살대중에게 둘러싸여 백천만억의 천녀 권속이 있는 이 가운데 태어나리다.

(보현보살권발품)

보현이여, 만약 이 법화경을 받아 지니고 읽고 외우며 바르게 기억하고 생각하며 닦아 익히고 베껴쓰는 자가 있으면, 마땅히 알지니라. 이 사람은 곧 석가모니 부처님을 뵈온 것이며 부처님의 입으로부터 이 경전을 듣는 것과 같으니라.

마땅히 알지니라. 이 사람은 석가모니 부처님께 공양함이며, 마땅히 알지니라. 이 사람은 부처님이 착하다고 칭찬함이며, 마땅히 알지니라. 이 사람은 석가모니 부처님이 손으로 그의 머리를 어루만져 주는 것이며, 마땅히 알지니라. 이 사람은 석가모니 부처님이 옷으로 덮어주는 바가 되느니라.

보현이여, 만약 뒷 세상에서 이 경전을 받아 지니고 읽고 외우는 이 사람은 다시 의복과 침구와 음식과 생활하는 물품에 탐착을 아니해도 원하는 바가 헛되지 아니하며, 또한 지금 세상에서 그 복의 과보를 얻으리라.

만약 어떤 사람이 가벼이 여겨 헐뜯는 말을 하되, 「너는 미친 사람이다. 헛되이 이런 행을 하나니, 끝내 소득이 없으리라.」고 하면 이와 같은 죄보로 마땅히 세세생생 눈이 없으리라.　　　　(보현보살권발품)

만약 공양하고 찬탄하는 자가 있으면 마땅히 지금 세상에서 좋은 과보의 나타남을 얻고 만약 이 경을 받아 지니는 자를 보고 그의 나쁜 허물을 드러내면, 혹은 사실이거나 혹은 사실이 아니거나 이 사람은 지금 세상에서 백라병(흰 문둥병)을 얻고, 만약 경멸하여 웃는 자가 있으면 마땅히 세세생생 이(齒)가 성글고 빠지며 얼굴은 추하고 코는 납작하며 손과 다리가 뒤틀어지고 눈은 한쪽으로 돌아가고 신체에서 더러운 냄새가 나고 나쁜 악창으로 피고름이 나며 배에는 물이 차고 숨이 가쁘며 모든 나쁜 큰 병에 걸리리라.

「이런 까닭으로 보현이여, 만약 이 경전을 받아 지니는 자를 보거든 마땅히 일어나 멀리 가서 영접하기를 마땅히 부처님을 공경함과 같이 할지니라.」

(보현보살권발품)

법화경을 받아 지니고 신용(信用)한 공덕과 이 경을 비방하고 받아 지니고 읽고 외우는 자를 훼방하고 헐뜯는 자가 받는 과보를 밝히신 부처님의 말씀이다.

할 일 없는 노인의 잔소리

일반적으로 노인들이 생활의 지혜를 말씀하면 그대로 받아들이지 않고 노인의 잔소리로 여기는 경우가 있다.

평생 체험되고 깨달아 증득함에서 생활의 지혜가 나온다. 생활 체험에서 나오는 지혜는 노인들의 평생 몸소 체험되고 깨달아 증득함에서 나오기 때문에 생명이 있고 철학이 있다. 반면 지식은 듣고 혹은 보고 함에서 나오는 것이다.

지혜는 생명이 있고 광명이 있다. 지식은 생명이 없다. 그러나 지식은 지혜를 얻는데 밑거름이 된다. 노인의 생활 철학을 잔소리로 받아들이는 것은 위험한 생각이다.

스님은 팔십평생 가운데서 반평생을 수행에 모든 마음을 모으고 살아온 것 같다. 눈길 위에 바른 발자국을 남긴다는 생각을 하면서 법화경 수행에 신명을 맡기고 생활해온 것이다. 헌데 사람들이 스님의 생활담을 말하면 마치 노인들의 잔소리 같이 받아들이는 경우가 종종 있다.

법화행자가 하는 말은 생활하는 이야기, 사업하는 말

을 하거나 정치하는 말을 하거나 세상살이 등 무슨 말을 한다 해도 부처님 정법에 순응한다는 말씀이 있다.

스님은 어떤 원칙을 세워 놓고 이렇게 해야 한다고 주장하지 않는다. 묵묵히 눈 위에 발자국을 남기고 걸어갈 뿐이다. 스님이 걸어가고 있는 길이 바르다면 스님의 발자국을 따라오면 되고 바르지 않는다면 자신에게 맞는 길을 선택하면 된다.

스님은 어떤 의견을 제시할 때에도 꼭 이렇게 해야한다는 원칙이 아니라 또 다른 길이 있을 수 있다는 생각을 갖는다. 스님이 생활하고 있는 일이 다른 사람의 의견에는 맞지 않을 수 있기 때문이다. 다만 저 젊은이가 노인이 되면 그때야 의견이 다를 수가 있다는 것을 알게 될 것이다.

스님의 생활 속에는 법화경의 내용이 흐르고 있다. 경전을 받아 지니고 수행하는 것만이 아니라 청소하고 빨래하고 도량 정리하고 농사짓고 풀 뽑고 밥 먹고 잠자는 등 일거수 일투족이 수행 아닌 것이 없다.

길들여진 소는 방목을 해도 남의 곡식 밭을 해치지 않는다. 이와 같이 수행자는 무슨 생각을 하거나 어떤 일을 한다 해도 남을 이롭게 함을 염두에 두고 있다. 남을 이롭게 함이 곧 자신을 이롭게 함이 된다는 것을 잘 알고 있기 때문이다. 베풀고 남을 이롭게 하면 마음이 편안해지고 안온해진다.

이타행(利他行)이 곧 자리행(自利行)이 된다.

온고지신(溫故知新)이라. 옛 것을 살피어 새로운 지식을 접목한다는 뜻이다. 오랜 세월 동안 생활해온 노인들의 생활 철학과 지혜와 젊은이들의 새로운 지식과 생각이 합일화 된다면 이상적인 결과를 낳을 수 있다. 노인들의 지혜와 젊은이들의 지식이 합일화 되면 새로운 도리가 창출될 것이다. 여기에서 무한한 가능성을 도출할 수 있을 것이다. 서로가 순응하고 인정하고 수용할 때 큰 지혜력(智慧力)이 생기게 될 것이다.

나를 앞세우면 남이 멀어지고 남을 앞세우면 내가 멀어진다. 서로가 서로를 배려할 때 생활의 동력이 생기게 된다. 어제의 젊은이가 오늘의 노인이 되고 오늘의 노인이 내일의 젊은이가 될 것이니, 돌고 도는 것이 또한 순리이다.

지금의 젊은 사람들이 노인의 생활 철학에서 나오는 지혜를 잔소리로 받아들이고 이해함은 위험한 발상이다. 오늘의 노인은 내 자신을 있게 한 뿌리요 근본이다. 오늘의 노인이 없다면 지금의 내가 없는 것이다. 오늘의 젊은이는 내일의 뿌리가 되고 근본이 된다. 오늘의 젊은이가 없다면 모두의 내일이 없는 것이다. 노인이든 젊은이든 귀중한 존재의 당체이다.

제법실상(諸法實相)

일심(一心)의 참모습을 실상(實相)이라 한다. 실상은 무상(無相)이다. 그러면 일체만법(一切萬法)이 일심(一心)에서 비롯된다. 일체(一切) 모든 법이 곧 마음에서 비롯되기 때문에 이를 법화경에서는 제법실상(諸法實相)이라고 밝히셨고 제법실상(諸法實相)은 시방 제불(諸佛)의 무상정등각(無上正等覺)이요 동시에 구경각(究竟覺)이다.

제법실상의 도리를 법화경에서는 십여시(十如是) 사불지견(四佛知見) 등으로 명확히 밝히고 있다. 만수만행(萬修萬行)이 제법실상에 드는 문이요 계단이다. 법화경(法華經)은 유일불승(唯一佛乘)이요 교보살법(敎菩薩法)이요 제불호념(諸佛護念)이요 평등대혜(平等大慧)의 경전이다.

법화경은 오직 일승법이다. 이승삼승(二乘三乘)의 법이 아니다. 오직 보살을 가르치는 법이요, 성문 연각을 가르치는 법이 아니다. 모든 보살이 법화경의 제법실상을 깨달아 일체종지(一切種智)를 얻게 하는 법이다. 법화경은 모든 부처님께서 항상 호념하시는 법이다. 법화경을 평등대혜(平等大慧)라 함이니, 바로 제법실상(諸法實相)을 의미하고 있다.

구경(究竟)의 진리는 언사상적멸(言辭相寂滅)이다. 말

과 모습이 적멸(寂滅)이다. 바로 언어와 문자로 드러낼 수 없다. 이런 도리를 일상일미지법(一相一味之法)이요 소위(所謂) 해탈상(解脫相) 이상(離相) 멸상(滅相) 구경열반(究竟涅槃) 상적멸상(常寂滅相) 종귀어공(終歸於空)이라 하셨다.

일상일미지법이란 제법실상을 의미하고 있다. 소위 해탈상 여의는 모양, 멸하는 모양이며 궁극의 열반인 적멸한 모양이니 마침내 공(空)으로 돌아간다.

제법실상(諸法實相)이란 곧 적멸(寂滅)의 모습이다.

진여법성(眞如法性) 여래(如來) 중도(中道) 여여(如如) 제일의제(第一義諦) 허공법신(虛空法身) 일심법계(一心法界) 등이 모두 제법실상의 다른 명칭이다.

제법종본래(諸法從本來) 상자적멸상(常自寂滅相)

위 반 게송은 제법실상의 도리를 드러내는 법화경의 사구게(四句偈)이다. 모든 법은 본래부터 항상 스스로 열반의 모습이다. 여기서 모든 법이란 세상에 있다는 온갖 모든 것이라는 뜻이다. 세상에 있다는 온갖 모든 것이 자신의 마음을 떠나 있는 것이 아니기에 제법(諸法)이란 저마다 자신의 마음이다. 마음의 참모습이 제법실상이요 자신의 마음이 본래부터 실상(實相)이니, 저마다 마음은 항상 스스로 적멸상(寂滅相)이다. 적멸상이란 항상 저절로 열반의 모습이란 뜻이다. 본래부터 항상 스스로 열반의 모습이다. 이러함을 곧 제법실상(諸法實相)이라 한다.

경전에서 말씀하시기를, 「여래는 삼계의 상(相)을 실상(實相)과 같이 보고 알아 생사(生死)와 혹은 물러남과 혹은 나옴도 있음이 없고, 또한 세상에 있거나 멸도하는 자도 없으며, 진실도 아니고 허망함도 아니며, 같은 것도 아니고 다른 것도 아니며, 삼계에서 보는 삼계와 같지 않느니라.」 실상의 뜻이 담겨 있는 여래수량품의 내용이다.

「일체 법이 공한 것이 실상(實相)과 같음을 관(觀)할지니라. 뒤바뀌지 않고 움직이지 않으며 물러나지 않으며 구르지도 않느니라. 허공과 같아서 성품이 있는 바가 없음이니라.

일체 말이 끊어져 (一切語言道斷) 나지도 아니하고 나오지도 아니하며 일어나지도 않으며 이름도 없고 형상(形相)도 없어서 실로 있는 바가 없으며 한량없고 가이없으며 걸림도 없고 장애도 없건마는 다만 인연으로 있으며 뒤바뀜을 좇아 나느니라.」 (안락행품)

실상(實相)을 떠나 다른 법은 모두 마군(魔軍)이다. 만법(萬法)이 실상으로 드는 문이요 계단이다. 그리고 제불의 구경법(究竟法)이다.

설령 생각 생각 중에

한량없는 부처님께 공양하더라도
진실법을 알지 못한다면
공양이라 할 수 없다.

비록 미래겁이 다하도록
모든 부처님의 세계를 두루 다닌다 해도
이 묘법(妙法)을 구하지 않으면
끝내 보리(菩提)를 얻지 못할 것이다.

설령 무시겁 동안
재물을 부처님께 보시한다 하더라도
부처님의 실상(實相)을 모른다면
이 또한 보리(菩提)라 할 수 없다.   (화엄경 게송)

일심법(一心法)은 모든 부처님께서 성도하신 근본이며
보살들이 깨달아 들어가는 법이니
바로 제법실상(諸法實相)의 도리이니
승차보승(乘此寶乘) 직지도량(直至道場)하느니라.

만약 무상보리를 빨리 얻고자 한다면
이 법화경을 받아 지니어라.
모든 부처님의 무상보리(無上菩提)가
모두 이 경에 속함이니라.

법화현의

견성(見性)의 의미

견성(見性)이란 성품을 본다는 뜻이다. 시각(視覺)의 현상.

견성(見性)은 두 가지 뜻이 있다.

하나는 사물을 보는 성품이다.

둘은 자성(自性)을 본다는 뜻이다. 소위 견성성불(見性成佛)의 뜻이다.

육안으로 모든 경계를 보고 헤아리는 성품(性品)을 견성(見性)이라 하고 또 자성(自性)을 보는 것을 견성(見性)이라 한다.

부처님께서 손을 들고서는 대중들에게 여래의 손을 보느냐.

예, 부처님의 손을 봅니다.

부처님께서 손을 내리시고 여래의 손을 보느냐.

예 부처님의 손을 못 봅니다.

보통은 눈으로 보이면 본다 하고 눈에 보이지 않으면 못 본다고 한다.

보는 것은 눈이 아니라 보는 성품은 바로 견성(見性)이다. 보는 성품은 눈을 뜨면 보는 성품, 눈을 감으면 못 보는 성품은 변함이 없다.

눈으로 보는 것만으로 보고 혹은 눈을 감으며 못 보

는 것으로 전도(顚倒)되어 있다. 보고 못 보고는 자성(自性)이다. 견성(見性)이다.

만약 눈으로만 본다면 시체도 눈이 있다. 헌데 왜 못 보느냐. 눈으로 보고 경계(境界)에 좇아가지 말고 사물을 보고 있는 자신의 자성(自性)을 가만히 되돌려 보라.

사물을 보고 있는 견성(見性)을 깨달아 안주해야 한다. 성품(性品)이 눈으로 가면 견성(見性)이 되고 귀로 가면 문성(聞性)이 되고 코로 가면 향기(香氣) 맡는 성품이다. 이렇게 육근(六根)에 작용하면 보는 성품도 되고 듣는 성품도 되고 향기 맡는 성품도 된다. 이러함으로 범부(凡夫)는 경계(境界)를 취(取)하고 성인(聖人)은 마음을 취(取)한다.

경계(境界)에 끄달리지 말고 항상 자성(自性)을 깨달아 안주하라. 보는 성품이 두루하니 네가 아니고 누구겠느냐. 눈을 뜨면 본다 하고 눈을 감으면 못 본다 한다. 소리가 나면 듣는다 하고 소리가 사라지면 못 듣는다 한다. 듣는 성품(聞性)은 항상하건마는 이를 알지 못하고 소리를 따라 듣기도 하고 못 듣기도 한다고 하나, 듣는 성품은 바깥 소리와 상관없이 항상함이니라. 보는 성품을 견성(見性)이라 하고 듣는 성품을 문성(聞性)이라 한다.

삼천대천세계 가운데 일체 모든 중생인 천인(天人)

아수라 지옥 아귀 축생 등 이러한 모든 모습들은 다
자성신(自性身)에서 나타난 것.　　(법사공덕품)

　자성신(自性身)이란 법성신(法性身) 법신(法身) 등이라
하고 우주의 본체인 진여실상(眞如實相)을 의미한다.

　약인욕료지(若人欲了知)　삼세일체불(三世一切佛)
　응관법계성(應觀法界性)　일체유심조(一切唯心造)

　만약 삼세의 모든 부처님을 알고자 한다면
　응당 법계의 성품을 관(觀)하라.
　일체는 오직 마음이 만든 것이니라.　　(화엄경)

　일체법유심(一切法唯心)　심즉시불(心卽是佛)　심즉시법(心
卽是法)

　일체 법이 오직 마음이다. 마음이 바로 부처이고 마
음이 바로 법이다.

　견제불어중생신(見諸佛於衆生身)
　관중생어불체(觀衆生於佛體)

　중생의 몸 안에서 모든 부처님을 보고
　부처의 몸에서 중생을 볼 것이다.

　　이심명성불(以心冥性佛) 이합진공(理合眞空)
　　기어심외망구(豈於心外妄求) 수타승경(隨他勝境)

　이 마음으로 자성불(自性佛)에 명합(冥合)하고 이치로 진공(眞空)에 명합하는데 어찌 마음 밖에서 망령되게 구하고 여타의 수승한 경계를 따르겠는가.

　햇빛이 사물을 비춤에 사사로움이 없고
　하늘에서 비가 내리되 차별함이 없다.
　이와 같이 부처님께서 법을 설하시되 차별이 없으나
　다만 듣는 자의 근기에 따르시고 수연(隨緣)에 따르신다.

　「비유하면, 어떤 사람이 목이 말라서 물을 구하려고 저 높은 언덕에 우물을 파서 물을 구하되, 여전히 마른 흙을 보게 되면 아직 물은 먼 것을 알게 되나, 파기를 쉬지 아니하여 젖은 흙을 보고 점점 더 파서 진흙에 이르면, 그 마음에 결정코 물이 반드시 가까운 줄을 아는 것과 같으니라.」　(법사품)

　여기서 어떤 사람이란 중생을 비유함이요, 물을 구한다 함은 불승(佛乘)이요 묘법연화경(妙法蓮華經)이요, 높은 언덕에 우물을 판다 함은 부처님과 묘법(妙法)을 만나기 어려움을 비유하고, 여전히 마른 흙을 본다 함은 범부(凡夫) 중생(衆生)이요 부처님 만나 뵙기 어렵다는 비유요, 젖은 흙을 본다 함은 성문승(聲聞乘)이요, 진흙에 이른다 함은 보살승(菩薩乘)이요, 물이 반드시 가깝다 함은 불도를 이루기가 가까운 것을 비유함이요, 물을 얻음은 불도(佛道)를 얻음이 된다.

일대사인연(一大事因緣)으로 모든 부처님께서 세상에 출현(出現)하신다. 일(一)은 오직 일불승(一佛乘)을 타고 직지도량(直至道場)함이다. 대(大)는 제법실상(諸法實相)을 깨닫게 함이다. 사(事)는 중생(衆生)으로 하여금 불지견(佛知見)에 들게 하심이니 곧 불사(佛事)이시다.

정명경왈(淨名經曰), 이승(二乘)은 볶은 종자(種子)와 같고 싹이 부서진 씨앗과 같아 위없는 도(道)를 얻지 못한다. 이들이 법화회상(法華會上)에 들어와 진실법을 듣고 수기(授記)를 받으니 볶은 종자에 싹이 나고 꽃을 피우니 보리(菩提)의 열매를 맺을 수 있게 되었다.

법화경(法華經)만이 담고 있는 제법실상(諸法實相)의 깊고 깊은 법을 듣고 보리(菩提)를 얻게 되었으니 영불성불(永不成佛)의 이승(二乘)들이 성불(成佛)함은 깨진 돌이 붙는 것과 같으니 이승작불(二乘作佛)의 문(門)이 열리게 된 것이다.

유일불승(唯一佛乘)을 타고 직지도량(直至道場)함이라. 불법(佛法) 가운데 이승(二乘)도 없고 삼승(三乘)도 없으며 오직 일승(一乘)만 있으니, 이를 두고 교보살법(教菩薩法)이요 불소호념(佛所護念)하심이니라.

　천년암실(千年闇室) 이파일등(而破一燈) 천년의 어두운 실내를 하나의 등불로 깨어버림이라. 이와 같이 영불성불(永不成佛)의 이승(二乘)의 작불(作佛)을 법화회상(法華會上)에서 활짝 열었으니 법화경 특유의 법력(法力)이니라.

　법왕(法王)의 진실한 법인 묘법(妙法)을 깨달으면
　그 어디에도 집착할 것이 없고 묶이고 취(取)할 것도 없어
　이와 같이 마음이 자재하여 걸림이 없네.
　일찍이 한 법도 얻을 것도 없고 잃을 것도 없네.
　(혜성)

　비록 미래 겁이 다하도록
　모든 부처님 세계(世界)를 두루 다닌다 하여도
　이 묘법(妙法)을 구하여 증득하지 못한다면
　끝내 보리를 이루지 못하리라.　(화엄경)

일대사인연(一大事因緣)

「모든 부처님 세존께서는 오직 일대사인연(一大事因緣) 때문에 세상에 출연하시기 때문이다. 사리불아, 어찌하여 모든 부처님 세존께서는 오직 일대사인연으로 세상에 출현하신다고 이름하느냐 하면, 모든 부처님 세존께서는 중생으로 하여금 부처님의 지견(知見)을 열어서(開) 청정함을 얻게 하시고자 세상에 출현하시며, 중생으로 하여금 부처님의 지견을 보게(示) 하시고자 세상에 출현하시며, 중생으로 하여금 부처님의 지견(知見)을 깨닫게(悟) 하시고자 세상에 출현하시며, 중생으로 하여금 부처님의 지견의 도에 들게(入) 하시고자 세상에 출현하시느니라.」 (방편품)

불지견(佛知見)이란 제법실상(諸法實相)의 도리에서 나오는 부처님의 견해이며 지혜이다. 사불지견(四佛知見)은 제법실상을 드러내신 귀중한 법문이다.

범부(凡夫)라 할지라도 일승(一乘)을 타면 이것이 보살의 진실한 신통변화이다. 화엄경(華嚴經)에서 말씀하시기를, 「경계(境界)는 허깨비 같고 꿈과 같고 그림자와 같고 메아리와 같고 또한 변화와 같다는 사실을 분명히 알지니라.」

일체 법이 그대로 마음의 자성이라는 것을 알지니

법의 자성(自性)을 깨치면 곧 부처라고 한다.

일대사인연(一大事因緣)

일(一)은 예나 지금이나 바뀌지 않는 하나의 도(道)이고

대(大)는 범부(凡夫)와 성인(聖人)의 심체(心體)이다. 그러므로 시방의 모든 부처님께서 일대사인연(一大事因緣)으로 세상에 출현하시는 것이 모두 중생(衆生)들이 자신의 마음에서 불지견(佛知見)을 열어서(開) 불지견을 보게(示) 해서 불지견을 깨닫게(悟) 해서 불지견에 들게(入) 하시고자 함이다.

불지견(佛知見)이란 마음의 참모습인 실상(實相)을 깨달아 드러냄이 곧 불지견이다.

중생에게 불지견이 없다면 어떻게 열게(開) 할 것이며 어떻게 보게(示) 할 것이며 어떻게 깨닫게(悟) 할 것이며 어떻게 들게(入) 할 것인가.

중생이 이미 갖추고 있는 불지견(佛知見)을 개시오입(開示悟入)하게 하신 것이다. 이것이 곧 일대사인연(一大事因緣)으로 세상에 출현하심이다.

중생(衆生)이 그대로 부처이다.
이것이 이불(理佛)이다.

　이불(理佛)이란 법신(法身)의 다른 이름이다.
　부처님의　삼신중(三身中)에　보신(報身)　화신(化身)을 사불(事佛)이라　하고
　법신(法身)을　이불(理佛)이라　한다.

　제불법신입아체(諸佛法身入我體)
　아신상입제불구(我身常入諸佛軀)
　모든 부처님의 법신(法身)이 나의 몸에 들고
　나의 몸이 항상 모든 부처님의 몸으로 들어가네.
　※ 화엄경의 게송이라 하나 화엄경에는 일치하는 게송이 없다.

　불지견(佛知見)을 열면 삼독심(三毒心)이 사라지고
　중생지견(衆生知見)을 열면 삼독심(三毒心)이 앞에 나타난다.

　불지견(佛知見)을 열면 시시비비(是是非非)가 사라지고
　중생지견(衆生知見)을 열면 옳고 그름이 나타난다.

　불지견(佛知見)을 열면 법성신(法性身)이 나타나고
　중생지견(衆生知見)을 열면 육도윤회(六道輪回) 길이 열린다.

　불지견(佛知見)을 열면 중도실상(中道實相)을 근본으로

삼고

　중생지견(衆生知見)을 열면 갖가지 경계(境界)에 집착한다.

　불지견(佛知見)을 열면 무념(無念)·무상(無相)·무주(無住)에 안착하고

　중생지견(衆生知見)을 열면 열반(涅槃)을 얻고자 집착한다.

　보리심(菩提心)이란 본래 있는 것도 아니요, 새로 만드는 것도 아니다. 문자(文字)를 벗어나 있으며 보리(菩提)가 그대 마음이고 마음 그대로 중생이니, 이와 같이 이해한다면 보살이 보리심을 닦는 것이라 한다.

　세상에 있다는 모든 경계(境界)가 허공에 꽃인 줄 알면 생사유전이 없어진다.

　욕득조성(欲得早成) 계심자율(戒心自律)
　정계율심(淨戒律心) 정심즉불(淨心卽佛)
　재차심왕(除此心王) 변무별불(便無別佛)

　속히 성취하고자 한다면 마음을 경계하고 자신을 다스려라. 계(戒)를 청정히 하고 마음을 다스리면 청정한 마음이 바로 부처이니 이 심왕(心王)을 제외하고는 달리 별도로 부처는 없느니라.

욕구만법(欲求萬法) 막염일물(莫染一物)
심성수공(心性雖空) 함진체실(含眞體實)
입차법문(入此法門) 단좌성불(端坐成佛)

만법을 구하고자 한다면 한 물건에도 물들지 말라. 심성이 비록 공하지만 진실한 체(體)를 함장하고 있으니 이 법문(法門)에 들어오면 단정히 앉아 성불하리라.

소이(所以) 무견시진견(無見是眞見) 무문시진문(無聞是眞聞) 불견불문문수(不見不聞文殊) 시진견진문문수의(是眞見眞聞文殊矣)

그러므로 봄이 없는 것이 진실로 보는 것이요, 들음이 없는 것이 진실로 듣는 것이니, 문수(文殊)를 보지 않고 듣지 않는 것이 진실로 보고 듣는 것이다.

이 마음이 인(因)을 만들고 이 마음이 과(果)를 이루며
대승인자(大乘因者) 즉시실상(卽是實相)
대승과자(大乘果者) 역시실상(亦是實相)
대승의 인(因)은 그대로 실상이고 대승의 과(果) 또한 실상이다.
다만 중생의 마음에 따라 알고 있는 한량만큼 대응해 주고 업에 따라 나타나기 때문에 보이는 것이 같지 않을 뿐이니,

외도(外道)는 자연(自然)으로 보고, 범부(凡夫)는 생사(生死)로 보며, 성문(聲聞)은 사제(四諦)로 보고, 연각(緣覺)은 인연(因緣)으로 보며, 소보살(小菩薩)은 단공(但空)으로 보고, 대보살(大菩薩)은 중도(中道)로 보며, 모든 부처님은 실상(實相)으로 본다.

유마경(維摩經)은 일체(一切) 중생(衆生)의 자성청정심(自性淸淨心)이다 하셨다.

관중생일념무명심(觀衆生一念無明心) 즉시여래심(卽是如來心) 약견차심(若見此心) 즉능이수미산입(則能以須彌山入) 개자무상방야(芥子無相妨也)

중생의 일념간 무명의 마음이 곧 여래의 마음인 줄 보아야 하니 만약 이 마음을 본다면 수미산을 개자(芥子) 속에 넣어도 장애가 없을 수 있다.

관일체심(觀一切心) 숙무제심(倏無諸心) 심무유무(心無有無) 통지실상(通至實相) 즉신통야(卽神通也)

일체의 마음을 관하여 일체의 마음에 홀연히 어떤 마음도 없음을 본다.

마음에는 있고 없음이 없어 실상을 통달하는 것이 신통(神通)이다. (천태교)

실상참회

일체법이 공하여 스스로 적멸상이니
이 몸과 마음이 공하여 스스로 적멸상이요
이 몸과 마음이 공하여 적멸상이니
죄와 복도 공하여 스스로 적멸상이라
죄와 복도 공하니 어느 것이 죄이며
어느 것이 복이겠나이까
죄와 복도 실체가 없고
죄와 복도 주인이 없으며
죄와 복도 머물 바가 없나이다.
바람이 공중에 머물 수 없듯이
죄와 복도 머물 바가 없나이다.
실상참회(實相懺悔)를 행함으로 해서
백만억 억겁에 지은 중죄를
손가락 한 번 튕길 잠깐 사이에
생사의 중죄를 제하여 버린다고 하셨느니라.

법화현의

1판 1쇄 펴낸 날 2026년 3월 12일(관음재일)

저자 혜성스님
발행인 김재경 **편집·디자인** 김성우 **마케팅** 권태형 **제작** 현진기획인쇄
펴낸곳 도서출판 비움과소통
　　　　서울 금천구 가산디지털2로 43-14 한화비즈2차 7층 702호
　　　　전화 010-6790-0856 팩스 0505-115-2068
　　　　이메일 buddhapia5@daum.net

© 혜성스님 2026
ISBN 979-11-6016-175-5 03220

* 경전을 수지독경하거나 사경하거나 해설하거나 유포하는 법보시는
　한 사람의 붓다를 낳는 가장 위대한 공덕이 되는 불사입니다.
* 전법을 위한 법보시용 불서는 저렴하게 보급 또는 제작해 드립니다.
　다량 주문시에는 표지·본문 등에 원하시는 문구(文句)를 넣어드립니다.